Pilar de la Huerta
Prólogo de Pedro Nueno

EMPRENDER EN BIOTECNOLOGÍA

LID

MADRID | CIUDAD DE MÉXICO | BUENOS AIRES | BOGOTÁ
LONDRES | NUEVA YORK
SHANGHÁI | NUEVA DELHI

Colección Acción Empresarial de LID Editorial
www.LIDeditorial.com

A member of:

BPR

businesspublishersroundtable.com

EAN-ISBN13: 978-84-18709-75-3
Directora editorial: Laura Madrigal
Corrección: Cecilia González Godino
Maquetación: produccioneditorial.com
Diseño de portada: Juan Ramón Batista
Impresión: Cofás, S.A.
Depósito legal: CO-381-2021

Impreso en España / *Printed in Spain*

Primera edición: mayo de 2021

Te escuchamos. Escríbenos con tus sugerencias, dudas, errores que veas o lo que tú quieras. Te contestaremos, seguro: info@lidbusinessmedia.com

A mis padres, Luis y Pilar

ÍNDICE

AGRADECIMIENTOS

Muchas personas me han ayudado y me han apoyado para que este proyecto salga a la luz. Quisiera agradecer el apoyo de Arquimea y en especial de Diego Fernández, su fundador y presidente, por su inestimable e incondicional ayuda en todo momento. A Carlos Cifuentes, por generar en mí la inquietud de escribir un libro. A mi pareja, Emilio, por animarme en esta aventura y ayudarme con mi torpe manejo de las herramientas informáticas. A mi hija, Celia, por hacerme ver el legado que supone escribir un libro. A mi hijo, Alejandro, por confiar en mi capacidad de solucionar las cosas. A LID Editorial, por apoyar en esta iniciativa a una escritora novel y sin experiencia. A la Fundación Botín, por su confianza al permitirme apoyar el desarrollo del tejido empresarial español en el área biotecnológica a través de su programa Mind the Gap. Y a todos los investigadores y emprendedores con los que me he cruzado a lo largo de mis 25 años de experiencia, pues este libro está inspirado en todos ellos. Espero y confío en que lo que he recopilado sea una herramienta útil para quienes la llamada del emprendimiento ha despertado la inquietud de abordar la apasionante aventura de montar una empresa.

PRÓLOGO

No cabe duda de que Internet y los avances en las telecomunicaciones han supuesto una revolución en nuestra forma de vivir y relacionarnos. Sin embargo, no somos tan conscientes del impacto que la biotecnología ha tenido en los últimos 25 años en la mejora de nuestra salud y condiciones de vida. Sin ir más lejos, la celeridad con la que la humanidad ha desarrollado un sistema de detección de la COVID-19 mediante la amplificación de cantidades ínfimas del ARN del virus en las muestras de los individuos potencialmente contagiados (las famosas PCR) solo ha sido posible gracias a los avances en el sector biotecnológico. El desarrollo de vacunas tremendamente complejas para virus de ARN, como es la COVID-19, son fruto de todo el conocimiento adquirido durante los últimos años en áreas como la genética, la inmunología o la microbiología. En resumidas cuentas, todas las herramientas que utilizamos para combatir la terrible pandemia que está afectando a todo el planeta han sido desarrolladas gracias a los progresos realizados en este sector. Aun así, queda mucho por hacer. El mundo sigue necesitando que los avances científicos se materialicen en empresas que, a su vez, accedan al mercado aportando valor y soluciones para pacientes y ciudadanos. Nunca hemos sido tan conscientes de la necesidad que tiene la humanidad de que la ciencia siga avanzando y nunca antes nos hemos beneficiado tanto y tan rápido de los conocimientos adquiridos y los avances realizados hasta la fecha.

Este paso —transformar la ciencia en empresas que aporten valor a humanidad— no es nada fácil. Pilar de la Huerta, gracias a su conocimiento y experiencia en la materialización de numerosos proyectos que han dado el salto al mercado de valores, ha elaborado una guía práctica y detallada de los pasos a seguir para convertir un proyecto de investigación en una empresa de éxito que aporte soluciones. A lo largo de estas páginas, Pilar analiza paso a paso, de forma sencilla, los distintos aspectos que se han de seguir para la cristalización de un proyecto empresarial, comenzando con la identificación del propósito que persigue el emprendedor con su iniciativa, pasando por los aspectos básicos sobre análisis de mercado, propiedad intelectual, competencia, elaboración del plan de negocio, dimensionamiento de recursos y captación de los mismos, hasta acabar dando unas pinceladas sobre cómo valorar la compañía y la salida a los mercados bursátiles.

Lograr avances en su campo puede resultar muy satisfactorio para los científicos, pero muchos de ellos tienen dificultades para transformar estos logros científicos en aplicaciones concretas que aporten soluciones a problemas reales, razón por la cual el libro está escrito desde la interesante perspectiva de la iniciativa emprendedora. Montar una nueva empresa comienza con una *start-up*, que requiere una estrategia de desarrollo, es decir, un plan de negocio o *business plan*. Y esto a su vez incluye cuestiones de inversión, personas, tecnologías, logística... La tecnología o el proyecto en sí es el principio, pero son necesarios otros muchos factores para conseguir materializarlo en una solución de valor para el público general.

El foco de *Emprender en biotecnología* es ayudar a aquel científico con inquietud emprendedora a dar el salto al mundo empresarial de forma estructurada y segura, utilizando un lenguaje accesible que le permita realizar un acercamiento sencillo a un entorno complejo y desconocido para él.

Pilar comenzó su andadura en el sector biotecnológico a finales de los noventa de la mano de la compañía líder en España en ese momento, Zeltia. Desde entonces, su pasión por el sector la ha llevado a compartir sus conocimientos, como docente en la escuela Aliter y como asesora de *spin-off* en el programa de ciencia Mind the Gap de la Fundación Botín.

A lo largo de su experiencia profesional ha dirigido numerosas empresas de éxito en el campo biotecnológico, destacando su posición de consejera delegada del Grupo Genetrix y de algunas de las filiales que dicho grupo desarrolló con éxito, como la cotizada en Frankfurt 4BaseBio AG (anteriormente Sygnis AG). Durante esta época, su colaboración con científicos de reconocido prestigio, como la doctora Margarita Salas o el doctor Luis Blanco, autores de la patente que más ingresos ha generado al CSIC (Consejo Superior de Investigaciones Científicas) en el área de biotecnología, la ayudaron a entender en profundidad la mentalidad y las necesidades del científico brillante con vocación emprendedora. En la actualidad, dirige el área de Healthcare del grupo Arquimea, grupo español multisectorial extremadamente innovador, a la par que compagina dicha actividad con posiciones de consejera en diversas compañías biotecnológicas, tanto privadas como cotizadas.

A lo largo de su trayectoria profesional ha vivido en primera línea la iniciativa emprendedora y la profundización científica de este sector. Unir ambas cuestiones es sin duda una gran oportunidad. Es de agradecer su aportación práctica al sector y su esfuerzo por orientar a los emprendedores expertos en biotecnología, un campo que cuenta con un extraordinario potencial de desarrollo a nivel global. Como profesor de iniciativa emprendedora, considero que Pilar de la Huerta es un excelente ejemplo y un modelo a seguir y que su libro supone una generosa contribución al mundo de la biotecnología y a los emprendedores que quieran navegar el sector de forma exitosa.

Pedro Nueno
Doctor en Administración de Empresas
por la Universidad de Harvard y
profesor del IESE

INTRODUCCIÓN

«En España hay muy buen nivel de ciencia». Esta frase nos suena a todos mucho, pues políticos, tertulianos en la televisión, científicos y la sociedad en general recurren a ella en multitud de ocasiones. Sin embargo, ¿por qué no se ve reflejado en el desarrollo tecnológico de nuestras empresas? Países como Estados Unidos, Reino Unido o incluso Francia tienen un tejido empresarial muy innovador, con multitud de sociedades que van desde grandes multinacionales, hasta miles de pequeñas compañías que uno encuentra en estos territorios con un abrumador nivel de dedicación a la investigación y el desarrollo. Pero esta no es nuestra realidad. Hablamos de científicos con ideas que se van a otras naciones para convertir sus proyectos en productos y servicios concretos que aporten valor a la sociedad. ¿Y esto por qué sucede?

España requiere aún de un esfuerzo significativo para alcanzar el objetivo del equivalente al 2 % del PIB en gasto en I+D+i fijado por la Unión Europea. Actualmente se sitúa en el 1.2 %, por lo que debería incrementar en un 67 % el esfuerzo para poder cumplir con dichos objetivos. Desde el punto de vista de la contribución privada, existe un amplio margen de mejora respecto a la media europea.

Cuando empecé a familiarizarme con el sector biotecnológico allá por el año 1998, no entendía por qué para España este sector era algo completamente nuevo y desconocido. No correlacionaba lo que el mundo académico podía aportar con la realidad del sector empresarial. Obviamente, las causas de este desfase entre nuestras capacidades y la creación de tejido productivo tenían que ser múltiples. Sin embargo, e independientemente de la actitud y apoyo de gobiernos e inversores de todas las tipologías e ideologías, hay una gran parte que depende de la formación, mentalidad e iniciativa de los investigadores, y lo curioso es que los propios investigadores no eran conscientes de ello. Es más, hoy en día, más de 20 años más tarde, muchos de ellos siguen sin serlo. A todos nos gusta pensar que tenemos potencial para ser emprendedores, máxime si tenemos buenas ideas respaldadas con conocimientos técnicos. Pero no todo el mundo vale para ser emprendedor. Tener ganas e ideas no es suficiente, tenemos que identificar qué necesitamos para crear una empresa de éxito basada en un proyecto innovador. Y con ello no me refiero a conocimiento legal para constituirla: una empresa es algo mucho más profundo que una escritura y supone mucho más que desembolsar 3000 euros entre varios socios, contratar a una asesoría para que nos lleve los temas legales y contables, y pedir como locos a todo aquel que nos pueda proporcionar dinero para financiar nuestro «gran proyecto».

Llevo más de 20 años dirigiendo compañías innovadoras, con una gran carga de I+D dentro de las mismas. He estado en organizaciones grandes y pequeñas, he ayudado a científicos a crear empresas partiendo de ideas en sus laboratorios hasta convertirlas en sociedades cotizadas con una dimensión de proyecto que ni imaginaron. Y, en todos los casos, me he encontrado con resistencia por parte de científicos, de los promotores del proyecto, a aceptar que hay aspectos, distintos del técnico, que tienen una gran relevancia y peso a la hora de convertir una idea en una realidad de éxito. Infravalorar los aspectos no técnicos es una tendencia muy generalizada que no ayuda a promover y potenciar las capacidades que sí tenemos en nuestro sistema.

Me he decidido a escribir este libro con el objetivo fundamental de ayudar a todo aquel que tenga una idea con potencial y quiera lanzarse a emprender. Crear una empresa no es una receta que uno pueda seguir y estar seguro de que el resultado final será perfecto. Cuando uno sigue la receta de la paella de un gran cocinero, no siempre obtiene el resultado que espera. Pero si se analizan los elementos clave, que no siempre están en la mente de los fundadores, se puede construir un equipo multidisciplinar que dé cobertura a las diferentes necesidades y, si se siguen unas pautas claras en ciertas áreas relevantes, el resultado será un arroz comestible, que en algunos casos podría incluso superar la paella del maestro.

Este libro pretende ser una guía, basada en mi experiencia práctica, de los aspectos clave para convertir un proyecto innovador en una empresa de éxito. Si te animas a leerlo, aprenderás a identificar las variables más relevantes que hay que analizar desde el inicio y los errores más comunes que no has de cometer. Podrás conocer tus opciones para financiar tu compañía y aprender a presentarla de forma atractiva para los inversores.

No estás ante un libro teórico ni ante una fórmula magistral para tener éxito. Gran parte de lo que ocurra está condicionado por la calidad de tu proyecto, por las capacidades del equipo fundacional y por lo que para ti signifique «tener éxito». Pero, si tanto tu idea como el equipo inicial tienen potencial, encontrarás una ayuda sólida y práctica, basada en la experiencia, para crear una organización robusta que te guíe en los diferentes aspectos esenciales de análisis y gestión para llevar tu producto o servicio con éxito al mercado.

1. TENGO UN BUEN PROYECTO DE INVESTIGACIÓN, ¿TIENE SENTIDO QUE CONSTITUYA UNA EMPRESA?

Objetivo: analizar todo aquello que hay que mirar antes de dar el paso de crear una sociedad.

1. Análisis de la necesidad, del mercado y de la competencia

Uno de los proyectos más interesantes en los que he participado fue la colaboración con una compañía que acababa de nacer con el objetivo fundamental de desarrollar un kit de diagnóstico temprano de la enfermedad de Alzheimer (AD). Habían descubierto dos biomarcadores relacionados con los niveles de una proteína en sangre denominada «beta amiloide», y parecían correlacionarse con una detección precoz del inicio de la enfermedad. El proyecto era interesantísimo y tanto el racional científico como el equipo que lo desarrollaba eran muy sólidos. Sin embargo, dicho kit, pese a estar hoy en día desarrollado, aún no genera beneficios para nadie. Es más, estoy segura de que la mayor parte de los lectores no conocen de su existencia.

Quien conozca un poco el alzhéimer estará pensando que es una enfermedad multifactorial y que, por tanto, simplificar la aproximación y atribuir al incremento de una proteína en sangre una correlación directa con el inicio de la enfermedad probablemente no sea realista. Y lo más razonable es que el lector tenga razón. Existen más parámetros que hay que tener en cuenta a la hora de identificar el inicio de la enfermedad. Pero, por otro lado, como me dijo en su día el director del laboratorio de dicha empresa, «el beta amiloide es para la enfermedad de Alzheimer como el colesterol para el corazón. Probablemente no sea el único factor implicado en su aparición, pero desde luego es un factor de riesgo relevante y, por lo tanto, tenerlo elevado es malo. Un kit que mida los niveles en sangre y establezca un nivel a partir del cual estamos en una situación anómala ayudará a identificar aquellas personas con un nivel de probabilidad muy superior de desarrollar la enfermedad en los próximos años».

Esta afirmación es cierta, y todos los estudios clínicos la corroboran. Entonces, ¿por qué no ha tenido éxito este kit? ¿Por qué no lo usan todos los médicos en personas que tienen más de 60 años para ir viendo quién tiene más riesgo y quién no?

La respuesta es mucho más obvia de lo que pensamos. ¿Quién quiere medir algo que es «malo» si se sale de ciertos parámetros, cuando no tenemos nada para bajarlo o moderar su incremento? Es decir, ¿quién querría identificar un problema cuando no hay solución para dicho problema? La realidad es que el sistema no quiere, lo mismo que los seres humanos en general no queremos conocer problemas para los que no tenemos solución o respuesta.

Los sistemas sanitarios no gastan dinero en cosas que no aportan un valor claro y directo a la sociedad y a los pacientes. Soy consciente de que muchos de los científicos o investigadores que lean esto estarán convencidos de que esto no es así: conocer más sobre las enfermedades, su origen, cómo funcionan, los parámetros que se ven alterados en el organismo... es interesante en sí mismo porque ese conocimiento nos dará, a la larga, una respuesta, es decir, una terapia.

Como suele suceder con casi todo en la vida, las cosas no son blancas o negras. Estamos dominados por los grises. El rol de los investigadores pertenecientes al mundo académico, universidades, centros de investigación públicos... es ese: contribuir al conocimiento de las enfermedades, sea cual sea el horizonte temporal en el que se vislumbre una solución. Sin la ayuda y el conocimiento aportado por este sector, no se avanzaría. En este sentido, el kit para medir beta amiloide en sangre es una gran herramienta que arroja luz sobre la enfermedad y las implicaciones de esta proteína en la misma y, para el ámbito académico, constituye un éxito.

Ahora bien, la empresa y el sector privado no miden el éxito de la misma forma. A la postre, lo que una empresa busca es beneficio y, para ello, no basta con producir o realizar un producto o servicio que genere valor. Hace falta que dicho valor sea reconocido y demandado por el mercado. Una generación de valor que el mercado no valore no tiene sentido empresarial. Podemos promover la creación de una ONG, de una fundación o de otro tipo de organizaciones cuyo fin último no sea la obtención de un beneficio económico. Pero, si lo que buscamos es crear una empresa, el fin último de la misma es generar beneficio, un beneficio que viene de la mano de valor para la sociedad, sin duda, pero beneficio.

Esta premisa ha de estar presente en la mentalidad de cualquier investigador que quiera dar el paso de montar su propia compañía, sobre todo si necesita de fondos de inversores para materializar su proyecto.

En España contamos con un hándicap muy grande en este sentido. El entorno académico ve con malos ojos hacer ciencia para ganar dinero. En más de una ocasión he observado cómo los investigadores que se atreven a dar el paso de montar su compañía son mal vistos por el resto, que argumentan que la búsqueda de beneficios económicos corrompe la investigación. Este tema daría para una larga discusión filosófica, y es probable que varias visiones tengan puntos de vista muy válidos, pero analicemos un momento qué ocurre en aquellos países donde a nadie le parece mal que un investigador prestigioso monte una compañía y se haga millonario.

Los países que actualmente lideran el desarrollo tecnológico prácticamente de cualquier campo fomentan el salto del mundo académico al empresarial. Nadie critica que un investigador monte su compañía y se «forre» si lo hace de manera lícita y desarrollando algo que genera valor para todos. No se trata de patentar todo lo que se nos ocurra, sino de patentar cosas con aplicación práctica, con utilidad real, que resuelvan o ayuden a resolver problemas. Queremos parecernos a líderes como Estados Unidos, pero criticamos la mentalidad que los ha llevado a estar donde están. Eso no solo es poco coherente, sino que tampoco ayuda a que despeguemos y utilicemos nuestras capacidades para que el país se beneficie de ellas.

Pero volvamos a la empresa a la que aludía el inicio del capítulo. ¿Qué pasó con ella? Sí tuvo cierto nivel de éxito, pero no con el kit, que aún se encuentra medio arrinconado y sin salir al mercado de forma abierta, sino con el desarrollo de una terapia. El conocimiento adquirido sobre la enfermedad por parte del equipo investigador les permitió, en paralelo, empezar a desarrollar una terapia —que aún está en ensayos clínicos— que parece prometedora. Esto fue lo que captó el interés de una gran multinacional que acabó comprando un paquete mayoritario de la compañía y financiándola. Para muchos, esto sería un éxito. Y probablemente lo sea, a pesar de que el proyecto inicial que impulsó a un catedrático universitario a montar su compañía aún sigue en el cajón. Habría que preguntarle a dicho catedrático si considera que su proyecto ha tenido éxito o no, porque seguramente la respuesta nos sorprendería.

¿Cuál es la moraleja de todo esto y del caso concreto que os he comentado? Analicemos los temas más relevantes que de una forma indirecta hemos tocado.

¿Cuál es mi objetivo con la empresa que quiero montar?

¿Qué es para mí tener éxito? En la respuesta es positivo que aparezcan temas como ayudar a curar una enfermedad, ayudar a la sociedad, a individuos que tengan cierto problema, discriminar enfermos de sanos para ayudar a detener los contagios... Que estos temas estén en nuestra mente es, sin duda, correcto y motivador. Aportar valor a la sociedad debería ser el motor principal de todo aquel que cree una compañía o investigue en cualquier área. Sin embargo, las empresas también se montan para ganar dinero, y esto no debe encontrarse en un nivel inferior. Si no quiero ganar dinero, no me importa ganarlo o no ganarlo (más allá de tener un sueldo digno que me permita vivir) si solo quiero investigar en algo positivo para la sociedad, mejor hacerlo desde el entorno académico. Esto nos evitará muchas frustraciones y dolores de cabeza.

Existen maneras de promover proyectos sin ánimo de lucro desde entes como fundaciones, ONG u otro tipo de organizaciones cuyo fin no es ganar dinero, pero ese no es el caso de una empresa. Si nos decidimos a emprender esta aventura, habrá muchas ocasiones, sobre todo si estamos hablando de proyectos relacionados con el sector de la salud y la investigación, que necesitaremos acudir a terceros para que nos ayuden a financiarlo. Los inversores invierten en una sociedad porque quieren ganar dinero. Puede ser que su expectativa sea a largo plazo, pero tarde o temprano buscan estos beneficios. Los bancos nos dejan dinero si lo ganamos; si aún no lo generamos, es complicado que nos lo dejen. Es cierto que podemos financiarnos con ayudas públicas y otras fórmulas que veremos más adelante que son independientes de la expectativa de beneficio, pero esto son ayudas, como su nombre indica, y nunca son suficiente. Las compañías, sobre todo si los proyectos son ambiciosos y caros de desarrollar, necesitan inversores potentes, y estos buscan rentabilizar el dinero que invierten. No olvidemos que, cuanto más riesgo y más tarde venga el beneficio, más grande ha de ser el potencial de este para atraer capital de terceros.

Es muy importante tener esto en mente. Parece una obviedad, pero multitud de investigadores dan por hecho que desarrollar una cura es bueno e interesante y que, por tanto, habrá gente que querrá poner su dinero para ello. El foco de muchos emprendedores del mundo académico no está en ganar dinero, sino en sacar adelante su proyecto, ganar el Nobel, curar a las personas o tener prestigio. Todos estos objetivos son muy loables y pueden ser compatibles con generar beneficio, pero tengamos claro cuál es el foco de la empresa. No empecemos este camino sin tener esto muy claro o si nos parece mal.

Hace unos años, un grupo empresarial biotecnológico muy reconocido en España tuvo en su mano la posibilidad de desarrollar una terapia innovadora y prometedora contra la malaria. La malaria sigue siendo una enfermedad que afecta a un gran número de personas, ocasionando muy mala calidad de vida o incluso la muerte en muchas de ellas. El problema es que la incidencia de esta enfermedad se da en países donde no existen sistemas sanitarios que paguen por terapias nuevas. En el mundo, la mayor parte de la población afectada no tiene poder adquisitivo para pagarlas y tampoco hay organismos privados o públicos que aseguren los fondos necesarios para adquirir dichas terapias, por lo menos, a un precio que cubra los gastos de desarrollo. Como consecuencia, este potencial fármaco no se desarrolló (por cierto, no hablamos de cantidades reducidas, ya que todo lo que tiene que ver con ensayos clínicos y desarrollo de fármacos innovadores requiere de mucho pulmón financiero). Muchos pensarán que es una pena y que la humanidad es poco solidaria con las necesidades de los demás. Pues, en líneas generales, es así. Existen ciertas fundaciones que apoyan de forma desinteresada la investigación de enfermedades raras o que por las razones que sean no tienen un mercado que justifique la inversión. Pero este tipo de fondos son escasos. Hay mucho menos de lo que uno piensa o lo que a uno le gustaría que hubiese.

Lo que le pasó a esta empresa con la terapia contra la malaria generó una frustración tremenda en todo el equipo directivo de la compañía. No porque cuestionaran el futuro del proyecto, pues el foco de sus investigaciones era otro, con un potencial de mercado enorme, sino por ser conscientes de tener en sus manos una posible solución para millones de personas que no avanzaría porque el mercado no justificaba la inversión, independientemente del número de afectados. Seamos éticos con lo que hagamos, pero seamos también realistas. Los inversores financian solo si van a ganar dinero hoy o en el futuro; si no lo ven claro, no lo hacen.

> No se debe perder el objetivo: las empresas se crean para generar beneficios.

Mercado: qué necesidad voy a solucionar

¿Cuál es el mercado al que voy a dirigir el fruto de mi proyecto? Aquí es donde he de plantearme quién pagaría por mi servicio o mi producto. Un kit para la detección de beta amiloide cubre una necesidad (saber si uno tiene un nivel alto de algo que es malo tener alto), pero, si saco al mercado algo que detecta un problema sin que exista solución a dicho problema, poca gente pagará por saberlo. Desde luego, no el sistema sanitario. Las personas pagamos por soluciones, incluso si esas soluciones son ficticias. Muchas veces nos venden cosas que en realidad no sirven para nada disfrazadas de soluciones: «Tómese esta pastilla y adelgazará 20 kilos en un mes». Todos sabemos que eso no es verdad y, aun así, un porcentaje de la población desesperada por adelgazar prueba y lo compra por si funciona. A pesar de que las pastillas milagro no funcionen, el mensaje de venta sí funciona como solución. La solución puede ser parcial: tomar vitamina D ayuda a frenar la osteoporosis, sobre todo si los niveles que uno tiene están por debajo de lo que se establece como nivel normal. Pero la frena o la reduce, no la elimina. Un kit de diagnóstico es útil si existe una potencial solución o si yo puedo hacer algo, una vez detectada la anomalía, por reducirla o evitarla. Si no puedo hacer nada, la mayor parte de la población prefiere no saber. Por ejemplo, saber que vas a desarrollar alzhéimer al final de tu vida sin poder hacer nada por evitarlo solo genera angustia y probablemente acelere la aparición de la enfermedad.

En este aspecto, es importante saber quién sería el cliente de mi producto o servicio. No es lo mismo desarrollar algo cuyo cliente final será el sistema sanitario público, donde el análisis coste/beneficio es fundamental, que si el cliente final es la sanidad privada, donde la diferenciación entre prestaciones puede tener más peso que un mero ratio coste/beneficio, o que si el cliente final es el propio ciudadano, donde parámetros como la desesperación por mejorar una situación personal o incluso el marketing pueden influir decisivamente en el acto de compra. Debemos considerar todos estos factores en el análisis preliminar, pues una buena idea sin mercado, o con un cliente objetivo que no pagaría el coste asociado, no generará un modelo de negocio sostenible.

Hasta hace muy poco, cualquier aplicación de la secuenciación genética estaba dirigida a resolver problemas relevantes y de alto coste social. Los seguros de salud, y no en todos los casos, y la sanidad pública pagaban el coste de este tipo de análisis en áreas como el cáncer. Aplicaciones más «frívolas», como un análisis genético de la piel, resultaban carísimas para el público general, y obviamente el sector sanitario no lo cubría. En esta situación, el mercado de estas aplicaciones era prácticamente inexistente. En la actualidad, el coste de secuenciar unos cuantos poliformismos genéticos asociados a características de la piel ha pasado a ser muy asumible y, en consecuencia, son varias las compañías por todo el mundo que están empezando a comercializar kits que analizan las características genéticas de la piel o de otras áreas del cuerpo con el fin de prevenir enfermedades o de mejorar su cuidado de forma específica. El cliente objetivo, el público general, sí está dispuesto a pagar 100 euros por conseguir esta información, pero no pagaría 1000 ni mucho menos 10 000 euros, que era el coste inicial de este tipo de análisis. Una tecnología descubierta hace ya varios años solo tenía aplicaciones muy concretas donde el coste excesivo estaba justificado por el beneficio que aportaba en campos como el cáncer o en algunas enfermedades muy graves. 10 años más tarde, al bajar el coste por la mejora y abaratamiento de los equipos que secuencian, dicha tecnología se está extendiendo a muchas otras aplicaciones dirigidas a clientes diferentes y, por tanto, dando lugar a modelos de negocio que antes eran inviables.

> El proyecto ha de aportar una solución que el mercado valore.

Competencia: quiénes son mis actuales y futuros competidores

Un mercado interesante, una necesidad no resuelta, una demanda de la población que requiere de una solución... son grandes principios para comenzar a montar una empresa. Ahora bien, creer que nadie más ha pensado en investigar en este campo o en dar una solución similar a la mía es muy arrogante. Para saber dónde posicionarnos y qué posibilidades reales de éxito tenemos, hemos de informarnos sobre lo que están haciendo los demás. Puede ser que yo centre mi proyecto en dar respuesta a una enfermedad que todavía no tiene una cura eficaz o que necesita de terapias menos agresivas, pero que aún no haya respuestas no quiere decir que nadie las esté buscando. Es imprescindible conocer quiénes trabajan en nuestro campo, quiénes son nuestros competidores actuales y futuros, es decir, quienes se encuentran en situaciones similares a la nuestra y competirán con nosotros para llegar a la meta antes o mejor posicionados. Si el mercado es grande, que haya muchos potenciales competidores no debería preocuparnos mucho, pues habrá espacio para todos. Pero, si el mercado objetivo es muy nicho, podrían dejar poco espacio para que una empresa pequeña genere beneficios en el futuro. Tampoco hemos de olvidar que conocer que hay más gente investigando en lo mismo que nosotros valida que nuestro *target* tiene sentido. En ocasiones, ser el único que toma un camino no nos convierte en genios; más bien, suele implicar que el camino tiene muchas posibilidades de ser el erróneo. Como siempre, nada es blanco o negro; buscamos un tono gris. Y es interesante ver cómo otros también identifican las mismas oportunidades, pero siempre que no entremos en áreas saturadas de competidores con un mercado reducido.

Otro tema que debemos considerar es el precio del servicio o producto que estamos intentando desarrollar respecto al precio de lo que ya está disponible. Aunque no haya algo que dé respuesta al problema que nosotros estamos abordando, debemos conocer qué coste social y de cualquier otro tipo genera. Si nuestra solución, en un cálculo inicial, es muy cara y no está alineada con los precios de los competidores, aunque estos den una solución menos completa o inadecuada, podemos tener difícil la entrada al mercado. Dependiendo del sector donde estemos, los precios de la competencia marcan una referencia relevante. Pero, además, si estamos desarrollando algo para el sector salud, es muy complicado comercializarlo con precios altos, aunque sea de gran valor. Obviamente, una cura de un tipo de cáncer sin tratamiento podría tener un precio muy elevado, sobre todo si es un cáncer de gran incidencia y mal pronóstico, pero, incluso en el cáncer, una terapia con menos efectos secundarios que fuera extremadamente más cara que la existente tendría serias dificultades en ser incluida dentro del sistema sanitario, que es, a la postre, el gran cliente de este tipo de productos.

> Es necesario conocer la competencia actual y la futura y analizar tu hueco y posicionamiento respecto a los demás, tanto en precio como en prestaciones.

2. Protección legal: cómo defender nuestra idea de los competidores

Pasemos ahora a estudiar una de las piezas más relevantes en nuestro análisis. ¿Cómo nos defendemos de la posibilidad de que nos copien? Con propiedad intelectual que permita utilizar herramientas legales para protegernos de todo aquel que intente copiar lo que vamos a desarrollar. Dedicar tiempo, dinero y esfuerzo a algo que cualquiera puede imitar es poco rentable. Levantar capital para apoyar una idea que no va a tener ningún tipo de protección legal respecto a potenciales plagios es muy complejo, especialmente cuando partimos de una empresa pequeña, que aún no tiene marca, no está posicionada, ni tiene otro activo aparte del proyecto y el equipo que lo pondrá en marcha. Coca-Cola no es un producto patentado (no hablo de la marca, sino de la receta), pero la marca tiene tanto peso y ha generado tanto valor en sí misma que da igual cuál sea la composición de su bebida. Es más, de país a país varían el sabor para adaptarla al público y a los gustos de cada zona, pues lo que la gente compra es una marca y la costumbre de un sabor. En cambio, cuando uno se toma 200 mg de ibuprofeno, espera la misma molécula con los mismos efectos, sea cual sea la marca del compuesto y lo compre en el país que lo compre. En la industria farmacéutica, la marca tiene cierto peso, pero lo relevante es el fármaco. No hay más que ver el éxito que tienen los genéricos en todos los mercados, que no son más que una copia de los fármacos originales que ciertas industrias fabrican en cuanto la patente deja de estar en vigor. Por favor, que el lector experto no se enfade comparando genéricos con fármacos «originales». Sé que hay mucho que hablar sobre si realmente las formulaciones, excipientes, control de calidad en las fabricaciones... tienen un impacto relevante en la eficacia y los efectos secundarios de las medicinas, pero, dejando a un lado la potencial polémica, la realidad es que el principio activo es el mismo y, por tanto, los sistemas sanitarios y gran parte de los individuos compran «lo más barato», pasando al mercado de los genéricos en cuanto las patentes expiran.

La mayor protección legal la obtenemos con una patente, que nos dará exclusividad de comercialización de lo patentado durante 20 años, desde la fecha en que presentamos la documentación para solicitarla. A esta fecha la llamamos «fecha de prioridad». Otras fórmulas, como el secreto industrial o el *know how*, no aseguran el monopolio legal de nuestro descubrimiento. Sin embargo, no todo es positivo en una patente. Una vez presentada la documentación soporte para solicitarla, en el plazo de unos 18 meses, esta información pasa a ser pública, y no siempre esto es algo bueno. Si estamos patentando una familia de moléculas para una o varias aplicaciones, las patentes serán muy útiles y, además, nos permitirán licenciarlas a terceros y cobrar *royalties*. Que la información pase a ser pública probablemente no nos importe, pues el beneficio de este monopolio es superior a la probabilidad de que, conociendo la estructura de las moléculas, la competencia diseñe otra cosa parecida que se salga de la patente y tenga la misma eficacia y efectos secundarios. Pero, si lo que estamos desarrollando es una máquina y somos conscientes de que pequeños cambios en dicha invención pueden tener la misma aplicación y no estar cubiertos por la patente, igual preferimos mantener el secreto industrial. Esto lo haríamos mediante acuerdos de confidencialidad con todo aquel que conozca la tecnología que nos permitirán actuar legalmente contra ellos en caso de que difundan la información. La ventaja es que nunca se hace público nuestro conocimiento, la desventaja es que, si a alguien se le ocurre algo parecido por su cuenta, podrá comercializarlo sin limitaciones ni penalizaciones. Además, el valor del activo es inferior de cara a licenciarlo a un tercero. No obstante, una compañía puede generar un negocio muy rentable basado en algo que no ha sido patentado, pero cuyo *know how* le pertenece.

Es muy importante que, si queremos patentar la información que da soporte a la novedad que estamos desarrollando, no se haga público en ningún medio. Es decir, las patentes se conceden a cosas novedosas. Si hemos llevado a un congreso datos sobre un experimento que nos servirá de soporte para reivindicar el uso de una molécula, antes de presentar dichos datos como documentación para la patente, esta no nos será concedida, aunque hayamos sido nosotros mismos los que lo hayamos hecho público.

> No se debe publicar nada nuevo si no se está seguro de que no va a dañar la prioridad de una potencial nueva patente. Ante la duda, lo mejor es que un experto en patentes analice la situación y te asesore.

De todos modos, en este tema es donde la mayor parte de los investigadores y emprendedores tienen claro que una protección intelectual es muy relevante y que todo es más fácil si existe una patente (o modelo de utilidad, o cualquier otro tipo de protección dependiendo de lo que esté desarrollando). Donde la cosa queda «coja» en muchas ocasiones es en la libertad de operación. Es decir, algo puede ser patentable, pero, una vez patentado, no puedo venderlo sin la autorización previa de un tercero. En los procesos que he tutelado de *due diligence*, tanto de compañías como de proyectos de centros académicos, no solo analizábamos si la invención o producto eran patentables, sino que pedíamos a los expertos en propiedad intelectual lo que en inglés se denomina informe *freedom to operate* (FTO). Un producto que requiere de la autorización de un tercero para poder ser comercializado tiene mucho menos valor que si no necesitara de esa autorización. Ante este tipo de situaciones, podemos hacer dos cosas: buscar la manera de ampliar la patente o hacer otra que permita tener «huecos» y evitar los conflictos que hayamos encontrado con terceros, o bien hablar con ese tercero y ver si podemos llegar a un acuerdo sencillo y no muy costoso. Siempre es mejor negociar cuando aún no se sabe si el proyecto tendrá éxito que cuando lo ha tenido. Antes de tener éxito, lo que damos a un tercero es algo que «cae del cielo», ya que quizá nuestro proyecto nunca llegue al mercado y, por tanto, nunca genere nada interesante para ese tercero. Pero, si intento negociar cuando ya he tenido éxito, mi interlocutor empezará a hacer los números de lo que nosotros vamos a ganar con nuestro invento y pretenderá llevarse una cantidad relevante, ya que sabe que, sin su permiso, todo lo que hemos invertido lo tiramos a la basura.

> Patentar (o proteger intelectualmente) y conocer la libertad de operación de lo que estás desarrollando es fundamental para capitalizar el valor de tu proyecto.

3. Equipo: pautas para construir el equipo inicial

Las empresas están formadas por personas, y son las personas las que generan su valor como empresa. Un amigo mío de gran éxito, fundador de un banco de inversión que vendió a una gran entidad financiera e hizo una gran fortuna, me dijo que la clave de su éxito era que él invertía en personas. Las ideas que traían esas personas las analizaba por encima, pero tenía muy buen «ojo» para captar la valía de los individuos, y esa era su apuesta. Sus palabras fueron: «Ya hay montones de personas en banca de inversión para hacer hojas de Excel con miles de números. Siempre me fijo en el equipo y en las personas clave de este. Eso es para mí el mayor valor de cualquier empresa y ha sido la clave de mi éxito».

Quizá llevado al extremo sea un poco exagerado (de nuevo, escala de grises), pero la realidad es que el equipo con el que nace una compañía es fundamental. No hace falta que sea un equipo grande, pero sí competente en las labores que realizar, con buena sintonía y formado por personas versátiles con potencial para aprender a la vez que desarrollen lo que tengan que hacer. Por supuesto, hay que intentar acertar con las contrataciones que se vayan produciendo. Una empresa grande puede equivocarse y despedir a los seis meses si ha metido la pata. Es más, en las organizaciones grandes no destaca la gente poco útil, poco eficiente o directamente «mala en su trabajo». Pero, en una empresa pequeña, cualquier elemento que no aporte valor resta, y resta mucho. Es mejor esperar a contratar a alguien que nos convenza que contratar a alguien que no termine de encajar porque tenemos prisa.

En las empresas jóvenes nadie suele cobrar mucho, pero hay elementos para retener a un buen equipo que no solo se basan en el dinero: fórmulas como *stock options* para participar en el potencial éxito de la empresa, un buen ambiente laboral, el sentimiento de estar construyendo algo que puede ser relevante para la sociedad, trabajar en un proyecto con el que disfruten... Hay muchos elementos para retener y captar a un buen equipo, siempre que podamos pagar un sueldo mínimo que permita vivir a esa persona. El equipo es tan importante como el proyecto. Un buen proyecto con un mal equipo es un fracaso seguro. Un mal proyecto con un buen equipo podría sacar algo interesante adelante.

Y, por cierto, no confundamos un buen amigo con un buen colaborador. El equipo ha de ser bueno, pero no solo porque haya buena gente, que también (yo siempre defiendo que hay buena gente muy lista y muy válida), sino porque cuente con la gente adecuada para la labor por realizar. Meter a un amigo en el equipo por el hecho de llevarnos bien o por amistad solo nos traerá problemas si no es la persona adecuada y, probablemente, acabemos perdiendo un amigo. Los equipos no han de estar compuestos por mujeres, hombres o amigos solo por el hecho de serlo. Han de estar compuestos por profesionales adecuados para las funciones que van a realizar, con capacidad de aprendizaje (todos debemos aprender cosas nuevas) y con versatilidad y flexibilidad para adaptarse a lo que vaya surgiendo. Cuando nacen, las empresas necesitan gente versátil; si alguien busca ser funcionario, no es la persona que necesitamos.

> El equipo de profesionales que va a formar parte del proyecto es una de las claves más importantes para el éxito.

4. ¿Con quién monto la empresa?

Y, por último, antes de concluir este listado de temas previos, no podemos olvidar reflexionar sobre quiénes serán nuestros socios iniciales en esta aventura. Si por cualquier razón, prefieres estar solo, si no tienes interés en compartir tu aventura, ya está decidido. Pero, si no es el caso, los socios son algo mucho más importante de lo que se suele creer. Vamos a dedicar una explicación más detallada a la relevancia de este tema en el capítulo siguiente, pero no olvidemos elegir nuestros socios iniciales con cautela.

Recuerda que para saber si tiene sentido que montemos una empresa para desarrollar y explotar un proyecto debemos preguntarnos lo siguiente.

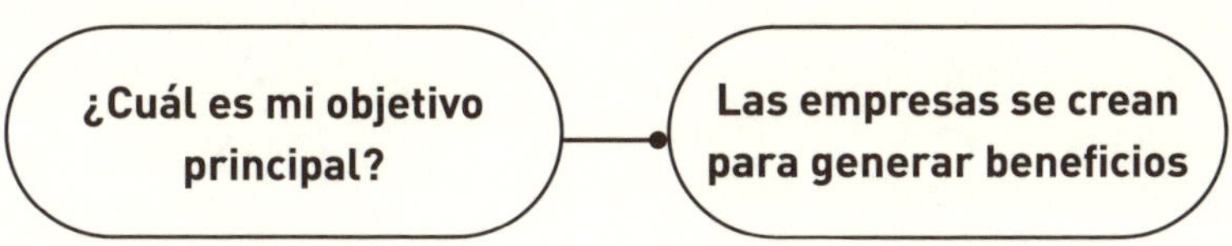

Siempre que tengamos dudas respecto de lo que vamos a hacer, hemos de recordar esta premisa. El beneficio puede ser a largo plazo, pero ningún inversor invierte en una empresa si no es porque piensa obtener beneficios. Si no es ese nuestro objetivo, busquemos otra forma de desarrollar nuestro proyecto; una empresa no es la respuesta.

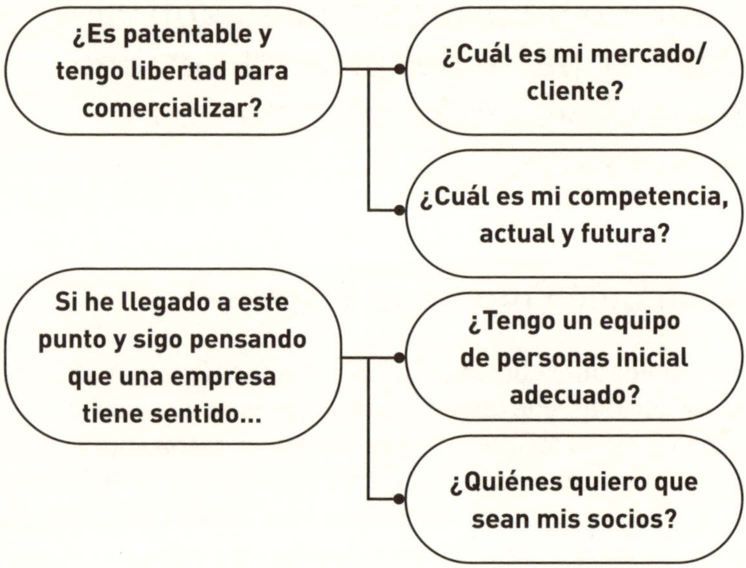

2. CREAR UNA EMPRESA TIENE SENTIDO, PERO ¿CÓMO LA PONGO EN MARCHA?

Objetivo: conocer pautas básicas para la constitución legal y formal de una sociedad.

1. Socios fundadores

Si, una vez analizado todo lo comentado en el capítulo anterior, queremos seguir adelante, la cosa tiene buena pinta y debemos apoyar nuestra inquietud emprendedora. Tenemos entre manos algo con sentido y nuestra misión consiste ahora en materializar y concretar lo que tenemos en mente. Eso sí, seamos honestos con nosotros mismos y no nos pongamos «trampas al solitario». Engañarnos y no ser realistas con nosotros mismos solo nos hará perder tiempo, dinero y energía e incluso haremos que otros pierdan también ese tiempo, dinero y energía. Un proyecto innovador implica riesgo por su propia definición, debemos tenerlo claro. Pero una cosa es ese riesgo y otra es que tenga o no sentido empresarial.

Todo aquel que haya adquirido este libro ya tiene algo ganado, no tanto por lo que aprenda en él, sino por el hecho de reconocer que el éxito de una empresa no solo depende de la bondad tecnológica del proyecto. Y consideramos que todos habéis hecho un análisis preliminar pero sincero de vuestra idea y habéis decidido seguir adelante con ella y crear una compañía.

Enhorabuena, tenemos los planos del edificio. Ahora vamos a construir los cimientos. Retomemos el tema de los socios que enunciamos en el capítulo anterior. Hemos dicho que elegir los socios adecuados es muy importante para comenzar esta aventura y que una empresa no es un club de amigos o de familiares, donde por quedar bien con nuestro tío Carlos le metemos de accionista con un 5 % o donde, por no poder pagar un sueldo de mercado al director financiero que queremos contratar, le ofrecemos un 5 % de la empresa, sin saber si es el tipo de socio con el que emprender esta aventura. Sumado, por supuesto, al agobio de quedar mal con el director de tesis por no darle una participación, con lo mucho que nos ayudó en su día y lo majo que es. Debemos despedirnos de todo esto y no incorporar como accionistas a personas por quedar bien con ellas. Esto no es un juego ni una cena en casa, donde invitamos por quedar bien. Esto es una empresa, donde el futuro va a depender no solo del proyecto, sino del equipo que lo va a desarrollar y de los accionistas que lo tienen que apoyar.

Es tentador intentar captar la atención de gente válida para ayudarnos en la creación de nuestra compañía ofreciéndoles participar. Como no tenemos dinero para pagarles el trabajo que queremos que realicen, les ofrecemos acciones. Pero esta es un arma de doble filo que normalmente nos acaba cortando. Una cosa es ofrecer *stock options*, cuyo objetivo es que el empleado o directivo se lleve en un momento dado el diferencial entre el valor inicial de la acción y el que alcance en un futuro, y otra cosa es incorporar socios desde el principio que deben ayudarme a dirigir la empresa y establecer futuras directrices, sin tener claro cómo son y qué expectativas tienen respecto a la compañía.

Los socios fundadores han de tener objetivos alineados con los nuestros. Y cada uno de ellos debería aportar algo de valor al proyecto. Puede ser dinero que nosotros no tengamos o quizá áreas de conocimiento complementarias, pero, sea lo que sea, es importante crear un núcleo de fundadores con intereses y expectativas alineadas. Si uno quiere vender la compañía en 2 años para dar un pelotazo, pero otro quiere llevar un fármaco al mercado para curar un tipo de cáncer, es muy fácil que en breve surjan discrepancias que pueden hacer inmanejable la sociedad. Para los futuros inversores, que seguramente lleguen, ya que casi todos los proyectos de cierta dimensión requieren de capital adicional para poder llegar al mercado, ver discrepancias entre los socios fundadores es una debilidad de la compañía. He visto muchos casos de inversores que han decidido no participar al detectar a un accionista «díscolo» entre los fundadores de una sociedad. Hay muchísimos proyectos en el mundo y muchas empresas con ideas muy interesantes necesitadas de capital. Salvo que uno tenga algo tan relevante y con tan poco riesgo que todo lo demás dé igual (un tono de blanco muy difícil de conseguir), el inversor quiere empresas «sin líos» iniciales.

Hace un par de años, empecé a colaborar como asesora estratégica con una compañía biotecnológica muy prometedora. Mi misión ha sido, y sigue siendo, tutelarlos en diferentes áreas donde ellos tienen poca experiencia o conocimiento. Sorprendentemente, lo más difícil de manejar ha sido la relación con uno de los socios fundadores, que entró en la sociedad «vendiendo» a los investigadores promotores de la tecnología su papel como experto financiero. Les vendió su capacidad y contactos para captar capital a futuro, sus conocimientos contables y empresariales y su experiencia para ayudarles a dirigir la sociedad y construir un plan de negocio. Evidentemente, esta persona tenía gran capacidad comercial, pues la venta que hizo de sí mismo fue impresionante. Su oferta consistió en ofrecer sus servicios a cambio de un porcentaje relevante de la compañía. Los investigadores aceptaron la oferta como medio de complementar sus capacidades. La idea era buena, y el objetivo de formar un equipo de socios fundadores complementario también. ¿Cuál fue el error? Los intereses de esta persona no estaban en absoluto alineados con los del resto. No conocían de nada a este individuo, no tenían referencias sobre él, no sabían qué objetivos perseguía con su oferta.

Es correcto meter en el accionariado a personas con perfiles diferentes que nos ayuden a cubrir los distintos aspectos que va a necesitar la compañía. Si yo soy científico, es positivo que mi socio sea economista y conozca bien el mundo financiero. Entre ambos nos complementamos. Pero tan importante como que ambos aportemos un valor complementario a la sociedad es que nos conozcamos y nos entendamos. Nuestros objetivos han de estar alineados.

¿Qué pasó? Pues que el socio «financiero» buscaba monetizar su participación lo antes posible, sin importarle dañar o no a la compañía. Cada ampliación de capital que se hacía con socios externos (profesionales del sector que entraban a financiar el proyecto) era un quebradero de cabeza, pues pretendía que le comprasen su participación con una revalorización muy elevada, y eso no es tan fácil. Los inversores profesionales, cuando entran en empresas pequeñas y jóvenes, entran para financiar nuevas necesidades del proyecto, no para que un socio genere su plusvalía antes de que el proyecto haya dado sus frutos. Es más, la propia actitud de esta persona en las negociaciones con los inversores era un problema. Nadie quiere entrar en una sociedad donde los accionistas tienen conflictos. Ese hecho, por sí solo, devalúa el valor de la compañía, porque los conflictos entre socios generan problemas de gobernabilidad y de estrategia futura.

Una vez que una persona «díscola» está en el accionariado, es muy complicado aislarlo. Se necesita dedicar mucho esfuerzo personal y legal para neutralizar actitudes que pueden estar en contra de lo que nosotros queremos hacer o de lo que la compañía necesita para asegurar su viabilidad. Ciertamente, conforme vayamos creciendo, necesitaremos capital de terceros que nos obligará a admitir como socios a entidades cuyos representantes igual ni conocemos ni nos gustan. Pero, incluso en estas circunstancias —ya que todos entendemos que, cuando se necesita capital, debemos aceptar sin miramientos a quien lo facilita—, convendría enfocarse en captar inversores que tengan objetivos compatibles con los nuestros y formas de actuar en línea con nuestros principios. Los conflictos accionariales siempre restan valor y pueden poner en peligro la empresa, independientemente del valor que tenga lo que estemos desarrollando.

> Los socios fundadores han de ser personas que aporten valor a la sociedad (dinero, áreas de conocimiento diferentes y complementarias...), en quienes confiemos, con objetivos alineados con los nuestros y con una forma compatible de entender el futuro de la sociedad. No se deben usar las acciones de la sociedad para quedar bien con amigos, familiares o terceros si no aportan valor.

2. Constitución legal de la sociedad

Ya tenemos definidos los socios y la idea, nuestra evaluación inicial cumple con los requisitos mínimos y tenemos la tecnología patentada. ¿Y ahora qué?

Elección del nombre

Llegados a este punto, hay algunos pasos que debemos realizar casi en paralelo. En primer lugar, necesitamos un nombre que pueda registrarse y, para ello, debemos solicitar un certificado al Registro Mercantil donde conste que el nombre elegido no lo esté utilizando ya otra empresa en nuestro país. Si queremos utilizar un nombre que luego podamos registrar en más países, necesitaremos contratar a una empresa o asesoría experta en registro de marcas/nombres o bien a un abogado que sepa del tema para que nos haga una búsqueda internacional. De momento, si solo queremos crear una empresa en España, basta con comprobarlo a través del Registro Mercantil. Conviene elegir varios nombres, pues la tasa por la comprobación es la misma si preguntamos por un candidato que por varios y, si nuestra primera opción resulta que está siendo utilizada, nos ahorramos la segunda tasa si presentamos cuatro o cinco nombres potenciales de una vez.

No confundamos el nombre de la empresa con la marca comercial que tendrá nuestro producto o servicio cuando llegue al mercado. Ese será otro análisis que realizar cuando llegue el momento; ahora nos vale con registrar un nombre que nos guste para la empresa.

Personalmente recomendaría nombres compuestos, pues es difícil que un sustantivo simple, aunque sea una combinación de sílabas sin sentido concreto, no esté registrado. Es interesante elegir una palabra que pueda pronunciarse bien tanto en castellano como en inglés. No vamos a comprobar todos los idiomas, pero el inglés es el idioma más internacional en estos momentos, y asegurarnos un nombre fácil de pronunciar para el mundo anglosajón ayudará a dar visibilidad a la compañía y sus productos en los principales mercados del mundo.

Actualmente, es tendencia elegir nombres que digan algo sobre lo que la compañía pretende hacer, del mercado al que va dirigido o de la tecnología que quiere desarrollar. Pero otros empresarios optan por nombres abstractos, sonoros, fáciles de recordar, aunque no sirvan para identificar ni el sector ni la actividad de la empresa. Entramos en el mundo de los gustos y, como dice el dicho español: «Para gustos, los colores». Encontramos empresas con el nombre de los apellidos de los fundadores, como Johnson & Johnson o Pfizer; empresas que describen lo que hacen o el sector donde están, como Pharmamar o Epigenomics; nombres abstractos que *a priori* no nos dicen nada, como Google (aunque sí tiene su historia y es un término acuñado por un matemático que significa «diez elevado a cien»). En definitiva, si la empresa tiene éxito, el nombre se popularizará. Ahora mismo, utilizamos la palabra «googlear» para indicar las búsquedas en internet, cuando el significado inicial del término nada tiene que ver.

En resumen, busquemos un nombre fácil de pronunciar, que nos guste, que en inglés pueda pronunciarse fácilmente y que se pueda registrar. Y, una vez que tengamos el certificado que reserva uno de los nombres solicitados, podremos ir al banco y abrir una cuenta corriente de empresa en constitución donde depositar el capital inicial de la compañía. El banco nos pedirá este certificado para asignar el nombre de la empresa como titular de la cuenta, y esta no será operativa, salvo para recibir las aportaciones de dinero de los socios iniciales. La ley de sociedades española establece como capital mínimo de una sociedad limitada 3000 euros y de una sociedad anónima 60 000 euros.

Constitución legal de la sociedad: apoderamientos

Existen muchas posibilidades de personalidades jurídicas que no vamos a describir aquí, pero, si alguien está interesado, aconsejo consultar algún libro jurídico sobre las diferentes formas mercantiles que pueden adquirir las compañías en España, o en cualquier otro país, donde podrá analizar ventajas e inconvenientes. Las más comunes, y el 95 % de las empresas de nueva creación, son sociedades limitadas o anónimas, dependiendo del capital inicial, del tamaño que queramos dar a las mismas y de las responsabilidades que queramos asumir, pues cada una de ellas tiene matices legales diferentes.

No tiene mucho sentido ser especialista en todo ni saber de todo. Numerosas asesorías, fiscalistas o abogados pueden guiarnos en el proceso legal de creación de la empresa por una módica cantidad. Realizarán el papeleo y coordinarán con un notario para las escrituras, los estatutos... No es un proceso complejo, pero tampoco tiene sentido imponernos un dolor de cabeza por un tema meramente burocrático que puede solucionarse rápidamente, sin unos costes elevados, mediante la contratación de una asesoría experta.

Una vez que hemos depositado en el banco el capital inicial con el que constituimos la sociedad, hemos de solicitar un certificado de las cantidades que cada persona ha aportado con los datos del aportante. Este certificado lo tendremos que llevar al notario que redactará e intervendrá la escritura de constitución, los estatutos y los poderes iniciales. Al notario deberemos asistir todos los socios fundadores, con nuestra identificación, junto con el certificado bancario y el registro del nombre. Además de la realización e intervención de las escrituras, el notario se encargará de solicitar un CIF provisional y de elevar a público las escrituras.

Llevaremos al banco esta escritura de constitución y los apoderamientos de aquellas personas que queramos que puedan realizar transacciones (ingresos, pagos, cobros, ventas, contrataciones...) para que la cuenta de empresa en constitución pase a ser una cuenta operativa; el titular de la misma será nuestra sociedad, y las personas con poderes legales podrán operar con ella.

Las escrituras de constitución, estatutos y poderes suelen ser bastante estándar. Es más, si no decimos nada concreto al notario, utilizará una plantilla común propia de la mayor parte de las sociedades pequeñas recién constituidas. El único dato que pide el notario, además de los de los socios que aportan el capital inicial, es el objeto social de la empresa, es decir, a qué se va a dedicar legalmente. Con el fin de no andar cambiando el objeto social cada vez que se nos ocurra añadir alguna actividad, mi recomendación es definir uno amplio que permita mucha flexibilidad a futuro. Aunque inicialmente solo queramos desarrollar un fármaco para una enfermedad concreta, conviene una definición amplia que permita el desarrollo de todo tipo de fármacos para todo tipo de enfermedades, incluyendo elementos de diagnóstico, dispositivos médicos o cualquier actividad dentro del campo farmacológico y OTC (*over the counter*, productos y servicios de parafarmacia). Siempre es mejor un objeto extenso, aunque luego hagamos muchas menos cosas, que andar cambiando el objeto social en escritura pública cada vez que queramos incluir algo.

En el Registro Mercantil aparecerán registrados de forma pública los socios iniciales, los apoderados y el administrador o los consejeros de la compañía. En cambio, si por las razones que sean no queremos que se nos identifique fácilmente como socios, las compraventas posteriores a la constitución que se realicen de forma privada, aunque estén escrituradas, no aparecen en el Registro Mercantil. En este caso, y con este objetivo, podemos pactar con un familiar o persona de confianza para que aparezca como socio fundador y que, en el mismo acto de constitución, nos venda las acciones. De esta manera, no será público que somos accionistas. Esto no quiere decir que Hacienda no tenga constancia de quién ostenta la propiedad de las empresas. Los socios con más de un 25 % de acciones deberán firmar lo que se denomina «acta de titularidad real», por lo que Hacienda sabrá de aquellos accionistas con más de un 25 %.

3. Fórmulas de gobierno

Administrador único

Dentro de las formas posibles de gobernar una sociedad, existen dos modelos principales. Por un lado, podemos nombrar a un administrador único, es decir, una única persona en la que los accionistas delegan todos los poderes para cualquier tipo de transacción. A este administrador único se le puede cesar con acuerdo de los accionistas en una junta, pero mientras esté en el cargo tiene capacidad para manejar la sociedad en su totalidad, lo que también conlleva una gran responsabilidad legal respecto a sus acciones y a la dirección de la sociedad. Nosotros mismos podemos ser el administrador único o bien designar a una persona de plena confianza. Pero, sea quien sea, ha de ser consciente no solo del poder que tiene respecto a la sociedad, sino de las responsabilidades legales y riesgos que asume. Una conducta negligente, aunque no sea dolosa, puede acarrearle serios problemas legales.

El administrador único de la sociedad ha de estar dado de alta como autónomo o, si trabaja para la propia sociedad, en el régimen especial de la seguridad social propio de los administradores.

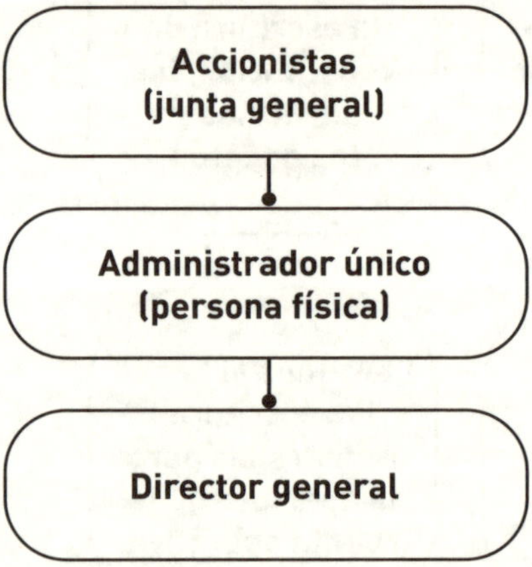

Consejo de administración

Otra forma de gobernar la sociedad es mediante un consejo de administración. Para sociedades que nacen con el objetivo de crecer y de integrar más accionistas a futuro, por sus propias necesidades de financiación, mi recomendación es crear un consejo de administración desde el inicio. En él se nombran personas que representan, por un lado, a los accionistas (puede haber un representante por accionista o por aquellos accionistas con participaciones superiores a un porcentaje determinado) y, por otro lado, consejeros independientes con conocimiento sobre el sector o sobre temas financieros que complementen la visión de los consejeros dominicales (denominación de los representantes de los accionistas). Los consejos en España han de tener un mínimo de tres miembros de los cuales uno ha de ser el presidente. Además, ha de nombrarse un secretario del consejo, que es la persona encargada de hacer las actas de las reuniones. El secretario del consejo puede ser un consejero, o no. Lo habitual es que sea un abogado, pero, en una empresa pequeña que acaba de nacer, o tenemos un socio abogado, cuyo rol probablemente sea ayudarnos en todos estos temas, o no merece la pena contratar a uno para hacer las actas. Con tener un abogado externo que nos eche una mano o nos oriente un poco en estos temas valdría y, sobre todo al inicio, cualquiera de los consejeros puede ser el secretario e ir escribiendo y custodiando las actas. En definitiva, cuando uno ve un acta y tiene claro qué es lo que debe reflejar, las demás se hacen de forma muy automática.

Dirigir la sociedad con un consejo de administración da más seriedad a las decisiones. Ayuda a debatir y reflexionar sobre las mismas y, si añadimos la presencia de algún independiente que nos ayude en áreas de interés, suele ser mucho más enriquecedor que mediante un administrador único. Eso sí, los consejeros independientes suelen requerir algún tipo de remuneración, pues, al no tener vínculo económico con la compañía, lo normal es demanden algún tipo de contraprestación por su dedicación, trabajo y, sobre todo, responsabilidad legal asumida.

En el caso del consejo de administración, la responsabilidad es de todos los consejeros (también llamados «administradores»). La interlocución con la dirección de la compañía, si son personas diferentes, la suele llevar el presidente del consejo en representación del mismo. Las decisiones se toman por mayoría simple, salvo que haya un pacto de socios donde se requiera de mayorías cualificadas (con ciertos porcentajes) para determinadas decisiones o se contemplen vetos de ciertos socios (consejeros) ante ciertas áreas. En caso de empate, suele ser habitual que el presidente tenga voto de calidad y, por tanto, decida. Una forma de evitar empates desagradables que generen situaciones tensas para el presidente es nombrar un número impar de consejeros, de tal manera que el empate sea imposible.

Para una empresa pequeña y joven, no suele ser operativo nombrar muchos consejeros; sería suficiente de tres a cinco consejeros como máximo. Conforme la empresa crezca y entren nuevos accionistas, dependiendo de estos y del capital que aporten, pueden poner como condición tener un puesto en el consejo, por lo que hemos de prever que irá creciendo con el paso del tiempo en número de miembros. No hay reglas respecto a cuántas veces ha de reunirse un consejo de administración al año, pero una vez cada dos meses es algo razonable, si bien en momentos concretos puede tener sentido reunirse con mayor periodicidad o con menos si se está pasando por una época muy plana en lo que a decisiones y resultados se refiere.

El consejo puede nombrar a un consejero delegado con plenas facultades o simplemente nombrar a un director general con poderes mucho más restrictivos para llevar el día a día.

Consejo asesor

Independientemente de la fórmula que elijamos para gobernar nuestra sociedad, en una entidad puntera en el desarrollo tecnológico de un producto o de servicios no está de más tener lo que se denomina «consejo asesor», que, como su nombre indica, es un comité formado por expertos en el campo que nos ayuda a tomar decisiones. Al contrario que las del consejo de administración, sus decisiones no son vinculantes, pero nos van a servir de ayuda para informarnos a través de expertos sobre mercado, tecnología, clientes... Es positivo que dicho consejo asesor esté compuesto por personas con perfiles complementarios y que cubran varios de los campos que nos interesan. Por ejemplo, si estamos desarrollando una terapia que va a entrar en ensayos clínicos, nos interesan médicos o investigadores expertos en la enfermedad que queremos tratar, pero con perfiles diferentes. Podríamos tener un médico experto que tiene trato con pacientes, un investigador de referencia en la diana que estamos tratando y un profesional con experiencia en ensayos clínicos y temas regulatorios. El comité lo podemos hacer tan numeroso como consideremos, pero hemos de tener en cuenta dos cosas. La primera, que a este tipo de expertos hay que remunerarlos, por lo que un comité muy grande puede tener un presupuesto demasiado elevado. Por otro lado, un comité con demasiados miembros suele ser poco operativo. Al final, es el sentido común lo que ha de primar, pues se trata de un órgano que creamos para que ayude, no para que su gestión suponga un problema añadido.

Es recomendable captar líderes de opinión para formar parte de este comité, ya que nos abrirá muchas puertas a futuro, tanto para el desarrollo como para la comercialización. Los líderes de opinión suelen ser caros y difíciles de captar, pero, si nuestro proyecto es muy interesante, también a ellos les interesará estar cerca de nuevas ideas que puedan resultar un éxito. Así que yo recomiendo siempre intentar captar a los perfiles más interesantes que podamos; si nos dicen que no o no podemos pagar lo que nos piden, ya bajaremos el listón.

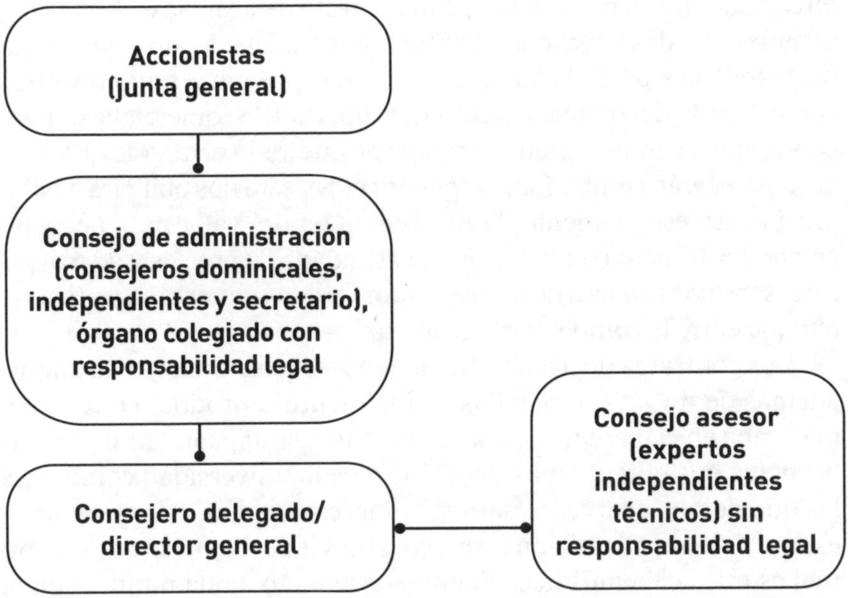

4. Transferencia de la tecnología: fórmulas

Por último, antes de concluir este capítulo dedicado a temas burocráticos, no hemos de olvidar transferir a la compañía la propiedad de nuestro proyecto. Evidentemente, podemos estar ante situaciones muy diferentes que no vamos a enumerar, pues la lista sería demasiado larga. Vamos a centrarnos en las más habituales. ¿Cuáles son?

Que la tecnología/producto/proyecto haya nacido en un laboratorio perteneciente a algún organismo público, ya sea del CSIC o de una universidad o de cualquier tipo de entidad pública, y que la patente inicial sea propiedad de dicha institución. En este caso, necesitamos hablar con la oficina de transferencia tecnológica, denominada también OTRI, pues serán nuestros interlocutores para buscar una fórmula que permita traspasar la tecnología a la empresa. Lo habitual es que la titularidad de la patente, o propiedad intelectual que tengamos, no se traspase. A las entidades públicas les gusta quedarse con la propiedad de lo que patentan y desarrollan. Lo que sí podemos hacer es licenciar en exclusiva y para todo el mundo dicha propiedad intelectual. A efectos prácticos, un contrato de licencia en estas condiciones nos da derecho a explotar comercialmente el proyecto durante toda la vida de la patente. Cuando esta expire, tanto nosotros como el resto del mercado tendremos libertad de comercializar, pero contaremos con una gran ventaja, y es que ya lo estaremos haciendo. Aparecerán competidores (genéricos), y esto nos obligará a bajar precios. En ese momento, la patente no tendrá valor para negociar con terceros, pero con la estrategia adecuada de precios y de marketing, seremos capaces de mantener una cuota de mercado relevante, aunque entre la competencia genérica.

Los contratos de licencia se suelen estructurar en varios pagos, además de *royalties* o regalías si finalmente el producto o tecnología acaba en el mercado. Estas estructuras se aplican tanto para las licencias que obtengamos del CSIC o de la universidad como para las que demos a terceros para la comercialización. Por ejemplo, si estamos desarrollando un fármaco o un kit de diagnóstico, lo habitual es que acabemos licenciando el producto a una multinacional farmacéutica o de diagnóstico grande, pues la penetración de mercado que se tiene en manos de una gran compañía no es comparable a la que podamos tener nosotros. La estructura del contrato de licencia sería parecida a la que tendríamos como licenciadores de la institución pública, aunque probablemente los pagos asociados estén en otro orden de magnitud.

Los pagos iniciales se suelen asociar a hitos de desarrollo. A la firma del contrato, suele haber un primer pago denominado *upfront payment* cuyo importe depende mucho del grado de madurez o de desarrollo que tenga la tecnología que estamos incorporando.

Cuanto más desarrollado esté, es decir, cuanto menos riesgo estemos asumiendo y más cerca del mercado estemos, más elevado será este pago. Una tecnología en situación muy temprana conlleva un pago inicial reducido, pues la mayor parte del riesgo y del gasto están aún por venir.

Posteriormente, se suelen vincular pagos adicionales al cumplimiento de hitos relevantes en el desarrollo del proyecto. Por ejemplo, volviendo al caso del fármaco, la entrada en fase clínica suele ser un hito muy relevante, y también el paso de fase (de la I a la II o de la II a la III). Por supuesto, la aprobación final del fármaco por las entidades regulatorias es el hito más importante, que suele llevar asociado un pago superior. Estos hitos pueden fraccionarse de muchas formas, en función de territorios (cuando se apruebe en la UE o en EE. UU., que suele ser en momentos diferentes, hay distintos pagos) o en función de aplicaciones o mercados.

Una vez que conseguimos entrar en el mercado, se establecen unos *royalties* o regalías a pagar en función de la cifra de ventas. Si, a su vez, hemos licenciado el producto a una farmacéutica, de los *royalties* que recibamos tendremos que pagar un porcentaje a la institución, pues para nosotros las ventas serán los *royalties* recibidos. Porcentajes razonables oscilan entre el 3 % y el 15 %, y es raro en el mercado español salirse de estos márgenes. También es frecuente que los porcentajes no sean fijos, sea cual sea la cantidad vendida. Lo normal es pactar una tabla con tramos donde los porcentajes vayan cambiando en función del volumen de ventas; cuanto más elevado sea el volumen de ventas, más bajo será el porcentaje.

Basándome en mi experiencia, y en los problemas que he visto en varias compañías, haría hincapié en varios temas que suelen generar muchos inconvenientes a futuro.

- Cuidado con las sublicencias y los *royalties* que hemos de pagar si sublicenciamos. Como hemos comentado, lo habitual es que la comercialización final corra a cargo de alguien mucho más grande que nosotros, es decir, que sublicenciemos. Por ello, incrementar el *royalty* que tenemos que pagar en caso de sublicenciar puede resultar tremendamente gravoso para nosotros y quitar atractivo al proyecto de cara a inversores. No hemos de olvidar que quien va a correr con la mayor parte del riesgo y gastos de desarrollo es nuestra empresa, no el centro académico. Por supuesto, tendrán un beneficio si el producto acaba en el mercado de forma exitosa, pero este beneficio ha de ser proporcional al riesgo e inversión dedicada. Intentemos que los *royalties* por sublicencia sean lo más parecidos a los *royalties* de ventas directas, pues el primero será el escenario más probable.

Si lo que estamos licenciando es una tecnología que podríamos vender sola, pero también podría formar parte de «algo mayor», el tema se complica mucho, pues un *royalty* sobre el precio de venta de un producto final, en el que esa tecnología puede tener un peso ínfimo, puede reducir drásticamente el valor de nuestro negocio. Este caso lo he vivido hace poco con un proyecto sobre polimerasas. Una nueva polimerasa —enzima capaz de copiar el ADN o fragmentos de este—, con una serie de cualidades diferentes, fue descubierta por un grupo del CSIC. Una compañía la licenció, pensando que, una vez optimizada, se utilizaría en kits de amplificación de ADN —de venta a laboratorios para copiar (amplificar) el ADN o partes de este—, y se establecieron unos *royalties* pensando en ese modelo de negocio. Los kits de amplificación de ADN tienen un precio de venta y requieren de un gasto de desarrollo de una magnitud *n*. El problema vino cuando la empresa vio como potencial negocio el desarrollo de kits de diagnóstico para enfermedades concretas. La polimerasa formaba parte de estos, pero el gran gasto e inversión se realizaba en otros elementos del kit y en ensayos clínicos no previstos ni necesarios para el desarrollo de los kits de amplificación. El pago del mismo *royalty* sobre el precio final del kit de diagnóstico distorsionaba totalmente la rentabilidad del proyecto. Una cosa es el *royalty* sobre el precio de venta del elemento licenciado, una vez terminado su desarrollo, y otra muy diferente el *royalty* sobre el precio final de un «todo» donde la tecnología licenciada tiene un peso muy reducido. Dependiendo de qué se licencie, tendrá sentido establecer *royalties* diferentes en función del esquema de ventas final.

- En los contratos de licencia, los gastos de las patentes recaen sobre el licenciador y, para una empresa pequeña, dichos gastos no son nimios. Por ello, si finalmente no nos interesa seguir con el desarrollo del proyecto, debemos tener la posibilidad de devolver la propiedad intelectual al centro público y rescindir la relación.

- Dentro de los múltiples escenarios que podemos tener en los próximos años, una posibilidad es que nuestra empresa deje de estar controlada por nosotros o que otra empresa más grande la adquiera directamente. En estos casos, los contratos de licencia suelen tener cláusulas de cambio de control por las cuales el licenciador puede tener derecho a rescindir la licencia. Nos interesa que esto no sea así, pues la entrada de accionistas profesionales que cojan el control o la venta de nuestra compañía a terceros son escenarios no solo posibles, sino probables, que se verían seriamente afectados por este tipo de cláusulas. Es razonable que la licencia esté condicionada al desarrollo de la tecnología transferida. Las instituciones públicas suelen defenderse de situaciones donde lo que se licencia se mete en un cajón y no se hace nada con ello. Pero no debemos admitir condiciones que afecten al control de la compañía, pues la realidad de hoy puede ser muy distinta a la realidad de mañana, y lo más probable es que necesitemos captar inversores profesionales que financien el desarrollo y acaben tomando el control de la sociedad.
- A veces, la fundación de la sociedad sucede a la par o como consecuencia de la transferencia de una tecnología a lo que denominamos *spin off* de un centro académico. En este escenario, muchas instituciones tienen la tentación de querer ser socios de la compañía. Habrá ocasiones donde no podamos negarnos o donde, si queremos seguir adelante, tengamos que admitir a la institución como parte de nuestro accionariado. Sin embargo, si podemos buscar una alternativa para que esto no suceda, mejor. Las instituciones públicas son muy poco ágiles a la hora de decidir. Todo lo tiene que revisar un abogado del Estado y ralentizan la toma de decisiones de forma muy improductiva. Una empresa pequeña no puede funcionar como una institución y, cuando hay accionistas públicos, los procedimientos internos de la institución impiden que las empresas donde participan tengan agilidad suficiente en la toma de decisiones relevantes. Insisto, a veces no hay más remedio que «pasar por el aro», pero evitémoslo si podemos. Por muy majos o brillantes que sean los representantes de la institución, nuestros interlocutores, no pueden saltarse sus procedimientos internos. Por lo tanto, a la hora de la verdad, su burocracia interferirá en la operativa de la compañía.

Hemos repasado muchos y diversos temas, cada uno de los cuales daría para escribir un libro monográfico donde entrar en detalle. Mi pretensión ha sido proporcionar un barniz que nos ayude a tener pautas claras ante los escenarios más comunes. Cuando las situaciones son más complejas, cada uno de estos aspectos requerirá del apoyo de un experto que nos dé soporte.

Es recomendable tener en el radar expertos a los que acudir dependiendo del área donde necesitemos ayuda. Siempre con sentido común, no estamos montando la General Motors. No hace falta que escojamos un despacho de abogados de primer nivel que nos cueste más que el capital que podemos aportar. Pero, dependiendo del tamaño y de la problemática concreta, existen múltiples asesores y expertos a precios mucho más módicos que nos pueden ayudar. Eso sí, debemos buscar siempre gente honesta, lista y que tenga experiencia concreta en lo que queremos. Y, sobre todo, huir de los vendedores de humo. Hay mucha gente que sobrevuela el mundo académico vendiéndose como expertos que ayudan a los científicos a montar sus compañías, las dirigen, les hacen un plan de negocio... o dan respuesta a sus necesidades. Muchos de ellos, no todos, son vendedores de humo que intentan ganar dinero ofreciendo servicios que en otros entornos no podrían vender jamás. No hay reglas mágicas para diferenciar unos de otros. Mi recomendación sería pedir referencias e identificar su experiencia práctica con otros clientes, además, por supuesto, de nuestra propia intuición.

3. ¿CUÁNTO DINERO VOY A NECESITAR?

Objetivo: dimensionar las necesidades financieras que va a tener la empresa a corto y largo plazo.

1. Presupuesto y plan de negocio: corto y largo plazo

Por fin podemos celebrar que tenemos la empresa constituida y creada. Parece poco, pero hemos recorrido una parte del camino que suele generar mucho estrés. Cuando tenemos que realizar gestiones en campos que no dominamos, tenemos un nivel de ansiedad o estrés superior al habitual. Para cualquier investigador, dar el paso de emprender y crear una compañía es meterse en un área desconocida que obviamente requiere de un esfuerzo adicional. ¡Bienvenidos al mundo del empresario!

A partir de ahora, está prohibido criticar al empresario como colectivo. Ya somos empresarios y, como vamos a ver, explotar a los demás y forrarse no va a ser la pauta de lo que va a ocurrir. Tendremos muchas responsabilidades que asumir, muchos riesgos que correr y muchos dolores de cabeza que manejar. No nos asustemos; estamos creando algo nuevo y vamos a materializar nuestra idea en algo útil y con ilusión para la sociedad, y eso merece la pena. Además, quizá no nos forremos, pero, si las cosas salen bien, ganaremos dinero, crearemos empleo de calidad, aportaremos valor a la sociedad y a nosotros mismos y nos sentiremos orgullosos de lo que hemos creado. Los retos interesantes y de valor suelen ser difíciles de conseguir, así que vayamos a por ello con ilusión, con espíritu de sacrificio, pero con muchas ganas de conseguirlo.

Ya tenemos la parte administrativa cubierta, la empresa constituida, el órgano de administración definido, la tecnología transferida y la idea clara de lo que queremos desarrollar. Ahora toca determinar cuánto dinero necesitamos. La empresa se ha constituido con 3000 euros, pero eso cubre poco más que los gastos del notario, del abogado, alguna tasa y algún gastillo más. Es decir, nada. Además, en la transferencia de la tecnología nos hemos comprometido a pagar a la universidad un dinero inicial que quizá hayamos contemplado (o no) en el capital inicial.

Cierto es que, si hemos hecho las cosas con algo de sentido común, antes de constituir la compañía tendremos una aproximación inicial del dinero o capital necesario para, por lo menos, abordar el primer año de actividad. Tampoco tiene mucho sentido constituir algo para no hacer nada de nada por falta de liquidez para poder realizar ninguna actividad.

Pero, independientemente de los cálculos preliminares —una «cuenta de la vieja» respecto a los gastos que la empresa va a tener el primer año—, ahora toca hacer un presupuesto serio, dimensionar lo que vamos a necesitar para, por lo menos, alcanzar el siguiente estadio de desarrollo del proyecto. En ocasiones, ese siguiente estadio será la entrada en el mercado, lo cual nos coloca en un escenario más fácil de manejar porque buscar dinero para períodos cortos y actividades concretas con la meta de lanzar algo al mercado en breve es siempre más fácil que buscarlo para desarrollar algo que tardará 10 años en ser comercializado. Pero ambas cosas se pueden conseguir.

Las hojas de Excel lo soportan todo, y podemos jugar a hacer números para saber lo que nos vamos a gastar en los próximos 10 años hasta que el fármaco que estemos desarrollando esté en manos de una farmacéutica potente. Pero esos números son poco realistas, pues, entre medias, ocurrirán mil cosas no previstas que generarán más gastos o gastos diferentes.

Ahora, se trata de definir cuál es el siguiente hito de valor que queremos alcanzar con nuestro proyecto y qué dinero necesitamos —siendo realistas— para conseguir llegar a dicho hito.

Elaboración del presupuesto: corto plazo

Tenemos dos dimensiones financieras que contemplar. La primera, una reflexión y algunos números acerca de los recursos totales que vamos a necesitar para que el proyecto salga al mercado. Aquí hablamos de grandes números para que tanto nosotros como los inversores tengamos una idea de lo que va a necesitar el proyecto para desarrollarse en su totalidad. Eso dará un orden de magnitud del tipo de inversores que necesitaremos para sacar el proyecto adelante. La segunda, concretar un presupuesto aproximado, lo más fiable posible, de lo que vamos a gastar hasta que lleguemos al siguiente hito de valor. Volviendo al ejemplo del fármaco, si estamos licenciando una molécula en una fase muy inicial, con una prueba de concepto en modelo animal ya hecha y algún dato referido a la síntesis de esta, pero poco más, el siguiente hito de valor sería la finalización de la preclínica regulatoria. Si estamos hablando del desarrollo de un kit de diagnóstico, donde ya tengamos ciertos datos en muestra humanas (prueba de concepto), el hito de valor siguiente a la transferencia tecnológica puede ser la realización de un ensayo clínico «serio» de cierta magnitud, así como la obtención del marcado CE (en el caso de Europa). Todo aquello que requiera de ensayos clínicos para ser validado tendrá estos ensayos (y su consecución exitosa) como hitos relevantes, ya sea pasar de fase o ampliar su dimensión. En el caso de un kit de diagnóstico no hay regulación respecto de ciertas fases que busque parámetros concretos, pero la compañía puede hacer un ensayo inicial en una población reducida (o un único hospital, por ejemplo) y, en función de los resultados, dar el salto a un ensayo multicéntrico e internacional.

Ahora mismo, hemos de centrarnos en el dinero que necesitamos para llegar a ese hito de valor, considerando que:

- Nada sale nunca a la primera.
- Todo tarda siempre mucho más de lo que esperamos.

- Todo suele ser más caro de lo que pensamos.
- Mejor si tenemos presupuestos, aunque sean someros, de las principales actividades que queremos realizar. Lo que pensamos que valen las cosas y lo que realmente valen no suele coincidir.
- Lo normal es que el hito de valor lo consigamos en 1, 2 o 3 años. Más allá, es demasiado tiempo. Intentemos buscar un hito de valor que podamos conseguir en ese horizonte temporal.
- Tenemos que intentar tener los menores gastos de estructura posibles. Somos pequeños y tenemos un primer hito que conseguir. Centrémonos en lo esencial y dejemos lo secundario para etapas posteriores.
- Dimensionemos el equipo de forma adecuada. No tener gente suficiente puede suponer ir muy lentos en los desarrollos, y el tiempo es dinero. Ir lento a la postre resulta caro. Pero tener demasiada plantilla sobrecarga la estructura de la empresa, lo cual puede suponer un lastre si las cosas no van como queremos. La búsqueda de equilibrio es difícil, pero es crucial.
- Subcontratemos lo más posible, pero siempre a empresas de las que tengamos referencias o sepamos que lo hacen bien. Las CRO (*contract research organizations*) son una magnífica ayuda para muchas áreas, pero hay que elegir bien. Subcontratar no significa delegar todo en ellas. Las CRO tienen muchos clientes y nosotros somos uno más. Los retrasos nos penalizan a nosotros, no a ellas. Alguien con criterio tiene que estar supervisando, de forma muy proactiva, su trabajo y el cumplimiento de sus objetivos y tiempos.
- Colaboremos con el mundo académico en temas académicos. Es decir, para todo lo que tiene que ver con investigación básica, contemos con ellos, pero no en cuanto a desarrollos e investigación aplicada, puesto que las entidades académicas suelen trabajar de forma más lenta que las empresas profesionales que podamos subcontratar. Son más baratas, pero mucho más lentas. La tendencia de los investigadores del mundo académico es buscar opciones lo más baratas posible, aunque ello implique ir lento. Es un error, ya que el tiempo es dinero, y muchas veces sale más caro el tiempo que lo que se ahorra realizando una actividad aplicada con un centro académico. Busquemos tener los resultados lo antes posible. ¡El tiempo es muy caro!

- Tengamos siempre en el horizonte a alguien (asesor, empresa...) que sepa mucho de los temas regulatorios que afecten a lo que estamos desarrollando, ya que son muy complejos en sectores como el farmacéutico y no suelen formar parte del conocimiento de los científicos. Es muy importante tener un buen apoyo en esta área en todo momento.
- La dimensión del laboratorio ha de ser la mínima imprescindible para realizar las labores de mayor valor añadido. El laboratorio crecerá con el proyecto. Empecemos subcontratando al máximo y vayamos creciendo poco a poco. Aún muy lejos del éxito y de la explotación comercial, edificar la NASA y llenarnos de equipamiento sofisticado «que seguro que utilizamos y nos gusta» no es sensato. El dinero que captemos debe ir dirigido al avance del proyecto hacia su siguiente hito de valor. Busquemos un equilibrio óptimo entre las labores internas (las que generen más valor y requieran más *know how* propio) y las subcontratadas, tratando de evitar comprar equipamiento caro hasta que el proyecto tenga mayor nivel de maduración.

Trabajando para un fondo de inversión especializado en empresas en situaciones difíciles, me encontré con que entraron a rescatar a una empresa que estaba desarrollando un proyecto bastante interesante en el campo del cáncer. La empresa se había gastado más de 5 millones de euros en instalaciones —el edificio, las oficinas, el laboratorio y el equipamiento que habían adquirido eran realmente de primer nivel— que darían envidia a laboratorios de empresas mucho más maduras. Sin duda, estaban tremendamente equipados para realizar el desarrollo de su producto. Sin embargo, una vez utilizados los fondos que habían captado hasta entonces en instalaciones, el proyecto como tal había avanzado muy poco, pues su dinero, tiempo y esfuerzo se habían centrado en esas instalaciones. Cuando el CEO de la compañía volvió a intentar levantar una nueva ronda de financiación para continuar (realmente, para empezar) con los desarrollos regulatorios del producto, se encontró sin inversores. Los inversores que apuestan por un proyecto quieren resultados, cumplimiento de hitos e incremento de valor, no un edificio espectacular con unas instalaciones deslumbrantes. Ese no era el objetivo de su inversión y, por tanto, perdieron totalmente la confianza en la empresa y su gestor. Cierto es que probablemente la compañía tenía una instalación que permitiría hacer internamente muchas actividades de forma óptima e ir más rápido en el futuro, pero tal «despilfarro» en maquinaria en una empresa tan joven fue muy criticado por los accionistas, que retiraron la confianza en el CEO, que a su vez era el artífice del proyecto que se quería desarrollar. Como consecuencia de todo esto, la empresa tuvo que ser rescatada a valoraciones de derribo por un fondo experto en situaciones especiales (lo que vulgarmente conocemos como «fondos buitre»). Se despidió al CEO y se realizó una drástica reducción de plantilla y de gastos para intentar dimensionar al mínimo necesario las necesidades de caja y alcanzar el siguiente hito de valor en el desarrollo del producto. En 2021, la compañía sigue estancada, pues, entre otros males, la instalación y el alquiler del edificio tienen un nivel de gastos mínimo demasiado alto para su estado de maduración, lo cual lastra de forma importante cualquier intento de sacarla adelante. Sin duda, podemos pensar que estamos ante el caso de un insensato con aires de grandeza que se construyó un castillo pensando que el dinero para apoyar su idea era infinito. Pero nos sorprendería la cantidad de casos parecidos, quizá de menor dimensión, donde una mala gestión de los primeros fondos relevantes se utilizan en instalaciones de primer nivel; sin duda, son útiles, pero no son en absoluto una prioridad en una compañía de reciente creación.

Con todo esto en la cabeza, la idea es hacer un presupuesto, en este caso de gastos, de los próximos 2 años (3 a lo sumo) lo más realista posible, que apunte las necesidades de caja iniciales. Este dinero seguramente no sirva para llegar al mercado, pero nos permitirá pegar un salto en la valoración.

Pongamos ahora un ejemplo del caso contrario. Soy consejera de una compañía que está desarrollando fármacos para tratar patologías del sistema nervioso central. Dicha compañía es el extremo de empresa sin estructura. El equipo investigador está compuesto por dos personas de un centro de investigación que son las emprendedoras de este *spin-off*. Ahora mismo, tienen dos moléculas en desarrollo y el próximo hito de valor establecido es la entrada en clínica de los compuestos. Han licenciado a la compañía la tecnología una vez conseguida una prueba de concepto en modelo animal (además de muchas pruebas en modelos *in vitro*), ciertos parámetros e información sobre la producción de la molécula y ciertos estudios sobre el mecanismo de acción que respaldan el racional del potencial de la molécula en la patología concreta. ¿Cómo han dimensionado el dinero que necesitan para el siguiente hito, es decir, hasta la entrada en clínica? Por un lado, presupuestando las actividades básicas que seguirán haciendo en el laboratorio del centro académico, previa firma de contrato de colaboración entre la empresa y el centro. Por otro lado, buscando una CRO global que les ha presupuestado tanto la experimentación preclínica regulatoria como todos los temas de producción, estabilidad del nuevo API (principio activo), etc. para que la agencia europea (o americana) autorice su entrada en ensayos clínicos. Es decir, han buscado una empresa externa, con mucha experiencia en el campo, que gestionará las actividades necesarias para llevar el compuesto a clínica. En este caso, la suma de ambos presupuestos para una de las moléculas es de 2 millones, con un margen adicional para cubrir imprevistos, por lo que se necesitan inversores por valor de 4 millones de euros para que ambas moléculas alcancen el siguiente hito de valor. Como es una cantidad seria, se están planteando priorizar y empezar con una de ellas, dejando la otra más retrasada. Si consiguen llevar uno de los compuestos a fase clínica, la compañía valdrá más y la dilución que tendrán en la siguiente ampliación de capital será inferior. En este caso, la totalidad del dinero aportado se dedicará al desarrollo de las moléculas, no a infraestructura o instalaciones. Es un caso extremo y, como todo lo extremo, probablemente no sea óptimo, pero será más fácil encontrar inversores que apoyen esta situación que la contraria.

Dediquemos unas palabras al tema de la dilución. ¿Por qué no analizamos la totalidad de fondos que necesitamos para llegar «al final» de nuestro camino y los pedimos o buscamos desde el inicio? Para modular el riesgo, podemos ofrecer al inversor desembolsos asociados al cumplimiento de hitos, de manera que, si las cosas no van bien, no se produzcan estos desembolsos futuros. Esta es una fórmula que a veces se utiliza, y la ventaja es que tenemos garantizados los fondos para el desarrollo futuro, el riesgo financiero se minimiza y solo nos focalizamos en el riesgo técnico. La desventaja es que la valoración a la que entrarían estos inversores sería muy baja, pues entrarían cuando la compañía aún es muy joven y tiene poco valor. Conforme los proyectos avancen, el valor subirá, y una misma cantidad de dinero invertido representará menos porcentaje del capital. Además, pocos inversores quieren comprometerse a cantidades tan grandes desde el inicio. Incluso si el proyecto va bien y cumple sus hitos, las prioridades del inversor, el mercado de capitales o la situación económica global pueden cambiar y que el inversor no quiera seguir apoyando el proyecto con más fondos.

De nuevo, y pese a las diferentes opciones que nos podemos encontrar, lo habitual es buscar una primera ronda de capital que cubra estas primeras necesidades y, una vez alcanzado el hito de valor, se busquen fondos para la siguiente etapa con una valoración superior. De las valoraciones hablaremos más adelante, ya que es un tema complejo e importante.

Elaboración del plan de negocio: largo plazo

Existen dos focos donde centrar nuestros números. Por un lado, las necesidades, digamos, a corto plazo (primer hito de valor) y, por otro, la visión global de la inversión necesaria para que el proyecto se lleve a cabo con éxito.

Como ya hemos señalado, debemos pararnos a evaluar la palabra «éxito». En algunos casos, será sacar el producto o servicio al mercado. En otros, licenciar la tecnología a un tercero que la explote *a posteriori* en aplicaciones que igual a nosotros ni se nos ocurren. Otra opción es licenciar el producto a medio camino de desarrollo para que una entidad con más pulmón financiero termine con el desarrollo (suele ser el caso de los fármacos, donde las empresas farmacéuticas se ocupan del final del desarrollo). Una de las múltiples salidas de éxito que tienen muchos emprendedores es la venta de su empresa a un tercero. Da igual cómo de lejos esté del mercado; en ocasiones, la expectativa de negocio a futuro es de tal dimensión que un tercero está dispuesto a comprar nuestra compañía por un valor que para nosotros es «un éxito». En todos los casos, y según sea el proyecto que estemos desarrollando, la idea es tener una idea burda de la cantidad global de fondos que necesitaremos para llegar a ese punto. Partimos de tener una idea más detallada de nuestras necesidades en los próximos 2 o 3 años, y tendremos que extrapolar de forma mucho más tosca que inversión adicional necesitaremos para llegar a nuestra meta. Ese dato, además de ser interesante para nosotros, lo necesitaremos para captar inversores; cualquiera que invierta en estas fases iniciales querrá hacerse una idea de cuánto hará falta a futuro para alcanzar una salida (*exit*), o «éxito» .

Junto con el cálculo de la necesidad de capital, también debemos considerar el potencial que tiene el proyecto si llega de forma satisfactoria al mercado. En este caso, nos centraremos en el potencial de mercado, pues a la postre la venta de un acuerdo de licencia, de la compañía o de una tecnología con varias aplicaciones dependerá del mercado al que vaya dirigido. Aquí podemos utilizar el volumen de ingresos de algún competidor nuestro, el coste que va a ahorrar nuestra tecnología, el valor económico del problema sobre el que nuestra solución va a aportar algo de luz...; en fin, hay muchas maneras de engrandecer los números con base en el potencial. Por supuesto, dimensionar el mercado objetivo o, por lo menos, el mercado que *a priori* intuimos, definir unas cuotas de mercado crecientes desde el lanzamiento hasta la expiración de la patente en los principales mercados y definir un precio en línea con «cosas parecidas» nos ayudará a hacer unos números iniciales sobre los potenciales ingresos que se pueden generar.

> Aunque descubramos la cura del cáncer, nada tiene el 100 % de cuota de mercado. La cuota de mercado que vayamos asignándonos deberá ir creciendo de forma muy progresiva y cauta desde que se empiece a comercializar hasta que se llegue al final de la vida útil de la patente.

> Captar mercado es mucho más difícil de lo que creemos. Aparecerán competidores no previstos, alternativas peores por las que ciertas personas optarán, clientes a los que no podamos llegar, etc.

Nuestra lógica y nuestra manera de entender la realidad no coinciden con las de toda la población. No extrapolemos lo que haríamos o lo que nos gustaría hacer a la hora de valorar el mercado y la cuota de mercado en potencia de nuestro desarrollo. Lo mejor es fijarse en situaciones similares, o lo más similares posible, con otro tipo de empresas, productos, tecnologías o servicios e intentar aplicarlas a nuestro caso.

Una proyección de gastos y potenciales ingresos del proyecto durante la vida útil de la patente nos dará una visión inicial del potencial económico que tenemos. Una vez la patente expira, suele considerarse que los ingresos caen a la mitad, pero, si no explotamos el producto directamente, sino que lo hemos licenciado, los *royalties* cesarán cuando la patente expire, ya que, desde ese momento, los derechos de exclusividad por la patente desaparecen.

Como guía para hacer este ejercicio, podemos resumirlo de la siguiente manera:

1. Determinar los grandes números que requiere el desarrollo de nuestra idea: proyectar de forma detallada los 2 o 3 primeros años y luego extrapolar grandes cantidades en función de las actividades necesarias en años sucesivos. A partir del tercer año, nadie pide datos muy detallados, pero sí deben tener un orden de magnitud realista.
2. En los gastos, siempre hemos de tener en cuenta el porcentaje de *royalties* que tendremos que pagar a la institución pública cuando comience la comercialización y los pagos por hitos cumplidos.

3. Calcular, si las cosas se realizan en línea con la media, cuándo se producirá la comercialización. En ese año, empezaremos con ingresos modestos que irán creciendo hasta su pico en el momento en que la patente expira. La vida útil de una patente son 20 años desde la fecha de prioridad, esto es, la fecha inicial en la que se presentan los documentos en la oficina de patentes. Es cierto que podemos generar nuevas patentes (de formulación, nuevas versiones del kit...), pero, para simplificar el cálculo, establezcamos un horizonte temporal en línea con la patente principal.
4. Si nuestro modelo es de licencia, los ingresos serán los *royalties* que recibiremos, un porcentaje de las ventas que tenga la compañía licenciataria. En este caso, a partir de que el producto se licencie, hemos de suponer que los gastos que abordemos sobre el mismo serán nulos o muy reducidos.
5. Si nuestro modelo de negocio es de comercialización directa, seamos muy realistas respecto a nuestras capacidades. Crear una red comercial propia para todo el mundo suena poco real y, sobre todo, aunque pudiéramos hacerlo, es poco eficiente, especialmente para los primeros productos (nadie crea una red propia por todo el mundo para comercializar un único producto). En este escenario, lo más sensato será contar con una red de distribuidores, que se llevarán una comisión relevante, en los diferentes territorios.
6. Este ejercicio nos permitirá hacernos una idea de los fondos globales que necesitaremos y del potencial beneficio que puede tener el proyecto. Este dato será extremadamente útil para establecer la valoración, de la que hablaremos más adelante.

Nuestro objetivo es preparar una hoja de Excel, con gastos e ingresos, con cierto grado de detalle en los primeros 2 o 3 años, pero más general a partir de los siguientes y con el horizonte de la vida útil de la patente (o de nuestra propiedad intelectual). Si lo que estamos desarrollando es un modelo de utilidad, un *know-how* o secreto industrial no patentable, entonces un horizonte temporal razonable podrían ser 10 años, considerando que, por lo menos, los últimos 4 o 5 años el producto estará en el mercado.

Busquemos los fondos necesarios para llegar al siguiente hito de valor, dimensionando esta necesidad focalizada en las actividades necesarias para que el proyecto avance rápido, pero sin generar mucha estructura ni dedicar muchos fondos a compra de equipamiento e instalaciones. En las etapas iniciales, busquemos soluciones de subcontratación que nos garanticen los criterios de calidad que necesitemos y optimicemos los tiempos, intentando mantener internamente las actividades de mayor valor añadido.

4. ¿Y, AHORA, CÓMO CONSIGO EL DINERO?

Objetivo: conocer las diferentes opciones disponibles para captar los recursos necesarios para financiar la compañía.

Si hemos hecho bien nuestros deberes hasta aquí, tendremos una idea más o menos clara del dinero que necesitamos a corto plazo, y quizá estemos en *shock* ante la cantidad que hemos calculado. Sea lo que sea que hayamos dimensionado, lo más probable es que no tengamos el dinero sobre la mesa. Ahora nos toca ver dónde y cómo podemos conseguirlo.

Un aspecto clave y determinante para el éxito de un negocio es la financiación. En este sentido, ofrecer un valor añadido respecto a lo que ya existe en el mercado debería ser un punto de partida importante si se va a tener que convencer a un tercero de financiar nuestro proyecto. Aun así, emprender en el campo de la investigación conlleva una complejidad adicional, ya que se trata de un activo intangible. El ejemplo más claro y de máxima actualidad sobre la dificultad de acceso a financiación externa es sin duda la bioquímica húngara Katalin Karikó, la madre de la vacuna contra la COVID-19. Aunque su investigación ha sido determinante para los avances de la vacuna desarrollada por laboratorios de renombre internacional, ella misma habla de forma abierta de las grandes dificultades que encontró para financiar sus investigaciones. Incluso mostró públicamente una carta de rechazo de una farmacéutica internacional a su petición de 10 000 dólares para financiar su investigación.

Sin embargo, la coyuntura actual ha demostrado que la I+D+i es vital y que su impacto social es indiscutible. No podemos dejar de apoyar las buenas ideas de investigación, ya que pueden ser determinantes para la sociedad.

Podemos acudir en la búsqueda de dinero a cuatro sectores: bancos, ayudas públicas, inversores privados y *tax lease* (una mezcla entre ayuda pública e inversor privado).

1. Financiación bancaria

Empecemos por lo fácil, por lo poco que hay que decir: los bancos. Las entidades bancarias no nos van a dejar dinero si no tenemos un bien que hipotecar o no estamos dispuestos a avalar el préstamo con nuestro patrimonio personal. Los bancos no financian I+D y no prestan cuando las empresas no tienen beneficio o un historial de beneficio. Pueden ayudar con la tesorería en forma de anticipos de IVA, adelantando el IVA a devolver que la Administración tarda en reembolsarnos, ya que, como no vendemos pero sí compramos, el IVA deducible será superior al repercutido y, por tanto, Hacienda debe devolverlo. Tendremos que pagar un interés, pero, dependiendo de nuestra situación de tesorería, puede ser útil solicitar este tipo de microfinanciaciones.

Otra situación donde los bancos pueden ayudar es adelantando el pago de subvenciones concedidas, pues la Administración puede tardar o tomarse plazos para abonarlas (en muchos casos, pagan a hito cumplido o a actividades realizadas). Un banco, con la resolución de la concesión, puede adelantarnos el dinero. De nuevo, nos cobrarán un interés, pero, dependiendo de nuestra necesidad, esta opción puede ayudar.

Aparte de estos adelantos, tenemos otras opciones de conseguir financiación bancaria antes de estar en beneficio si tenemos clientes recurrentes de cierta solvencia, pero eso implica estar ya en el mercado de alguna forma. En ese momento, el *factoring* sin recurso (el banco adelanta el importe de la factura que nos debe el cliente y el cliente paga directamente al banco) pueden ayudar a nuestra tesorería.

Las opciones enumeradas son interesantes, pero no van a solucionar nuestras necesidades de financiación a corto plazo. Lo normal es que, tras crear nuestra compañía, tener clientes esté aún muy lejos en nuestro horizonte y, aunque se vaya generando IVA a devolver, las cantidades que podamos adelantar quizá no sean suficientes para cubrir nuestras necesidades. Entonces, ¿qué hacemos?

2. Ayudas públicas

Centrémonos en las ayudas públicas. En 2019, el gasto en I+D+i en España fue de más de 15 000 millones de euros, lo que representa un 1.25 % del PIB, mientras que la media europea fue del 2.13 %. España debe seguir apostando por la I+D+i, pues seguimos a la cola de los países que realmente apuestan por ello.

En el campo de las ayudas públicas, tenemos dos grandes bloques: las europeas y las españolas.

Ayudas públicas directas españolas: nacionales, regionales y locales

Las nacionales, autonómicas o incluso provinciales van cambiando a lo largo de los años. En cada momento, y con cada Gobierno, salen convocatorias con diferentes requisitos y diferentes objetivos. De manera permanente, el CDTI (Centro para el Desarrollo Tecnológico e Industrial), que depende actualmente del Ministerio de Ciencia e Innovación (otras veces, esto cuelga de Economía y Sostenibilidad o de otros ministerios, dependiendo de la estructura ministerial que cree el Gobierno de ese momento), tiene un programa abierto de financiación «blanda» donde uno presenta un proyecto de I+D con las necesidades financieras, y el CDTI puede llegar a conceder un préstamo «blando» que cubra hasta el 75 % de esas necesidades. El 25 % restante debe ser cubierto por la propia compañía, pues ninguna entidad pública financia el 100 %. Entre los gastos que financia el CDTI se incluyen gastos de personal asociado a la I+D, amortizaciones, subcontrataciones, materiales y otros costes.

La ayuda consiste en un préstamo parcialmente reembolsable. La parte no reembolsable suele oscilar entre el 10 % y el 30 % del préstamo concedido, pero esta subvención la obtienes al final, es decir, no devuelves las últimas cuotas del préstamo. Para que esta parte no se reembolse, la parte reembolsable ha de haberse devuelto en su totalidad. El plazo habitual de estos préstamos es de 10 años y, en muchas ocasiones, se conceden un par de años de carencia (solo pago de intereses). El tipo de interés suele ser el euríbor más un diferencial que, habitualmente, es muy reducido, por lo que se consideran préstamos con un interés preferencial, conocidos como «préstamos blandos» o *soft loans* en inglés.

Además de esta convocatoria general, que está abierta todo el año y que se mantiene así desde hace 15 años, existen programas concretos, en forma de subvenciones o préstamos blandos, que van cambiando de nombre o condiciones. RETOS, NEOTEC... son programas, en general dependientes del CDTI o directamente del ministerio que se ocupe de ciencia, que se abren en un momento concreto, con una serie de requisitos, y a los que pueden acceder empresas de I+D con necesidades de financiación. En general, suelen ser préstamos blandos, aunque algunos son subvenciones. España tiene pocas opciones de conseguir subvenciones a fondo perdido; la mayor parte de los fondos llegan a las empresas en forma de préstamo. Estos recursos son interesantes, pero con ciertas precauciones y consideraciones.

- Las ayudas públicas son «ayudas» dedicadas a financiar nuestro proyecto, no son el fin en sí mismo. Presentar proyectos que no están dentro de lo que realmente queremos hacer, o de nuestras prioridades, simplemente para cumplir los requisitos de una ayuda pública y así obtener ese dinero es un error. Nuestro foco ha de ser nuestro proyecto, no obtener subvenciones o préstamos. No convirtamos el medio en el fin.
- Si lo que obtenemos es un préstamo blando, no nos olvidemos de que hay que devolverlo. Muchas empresas pequeñas se ponen «una soga al cuello» con este tipo de endeudamiento, pues al inicio ayuda al proyecto, pero, si en 2 o 3 años la compañía no tiene ingresos, las devoluciones serán un elemento más que tener en cuenta en nuestras necesidades de capital cuando vayamos a hablar con inversores. Y a los inversores no les gusta invertir dinero que se va a utilizar en devolver deuda.

- Las convocatorias suelen ser competitivas, por lo que hemos de presentar algo de calidad y bien estructurado si realmente queremos acceder a estos recursos.
- Las justificaciones son bastante detalladas. Es decir, hemos de pensar que necesitamos recursos (personas) para dedicarlos a documentar las justificaciones. No podemos meter cualquier gasto ni justificarlo una vez nos den el dinero con cualquier «apaño». Las entidades públicas que prestan o dan dinero para la I+D son muy puntillosas para evitar que los fondos se utilicen para otros fines, así que no nos confiemos. Cuando uno no hace o gasta lo que ha dicho en el proyecto que iba a hacer o gastar, tiene que devolver el dinero asociado a dicho gasto. Y en esto la Administración es bastante seria. Solo si podemos justificar un motivo inherente al desarrollo y resultados del proyecto para cambiar un gasto por otro, tenemos opciones de no tener que devolver el dinero asociado a esa partida de la propuesta inicial.
- Si tenemos varias opciones, intentemos elegir la vía de la subvención, aunque sea de cuantía sustancialmente inferior. La deuda en empresas aún no rentables es un lastre, aunque dicha deuda tenga condiciones preferentes.
- El sector público rara vez financia la totalidad de lo que una empresa necesita para la realización de un proyecto. Eso quiere decir que, si pedimos varias ayudas para financiar un proyecto concreto (no confundamos el proyecto con la empresa, ya que una empresa puede tener varios proyectos), la totalidad de las ayudas no pueden superar nunca el 100 % del coste del proyecto.
- Casi todas las ayudas y convocatorias suelen alentar la colaboración público-privada, es decir, subcontratación o contratación con un centro público. En muchas ocasiones, el dinero que se dirija al centro público va en forma de subvención y el de la empresa en forma de préstamo blando. Esto es positivo si el entorno académico puede ayudarnos en algunas tareas de ciencia básica que necesitemos hacer sin que tengamos que poner nosotros los fondos para ello.
- Muchas de estas ayudas, una vez concedidas, sobre todo si se trata de préstamos reembolsables, requieren de avales bancarios para su cobro. En la mayoría de las ocasiones, son inviables de obtener salvo que el emprendedor ponga garantías personales.

Este es un gran inconveniente de las ayudas públicas que múltiples asociaciones empresariales, como la Asociación de Empresas de Biotecnología de España (ASEBIO), han criticado desde hace muchos años. En este sentido, se ha conseguido que los préstamos de cuantías no muy elevadas (500 000 euros) no requieran de estos avales, pero para cantidades superiores sigue siendo un requisito.

En España, cada comunidad autónoma cuenta con ayudas concretas, bien en forma de subvención o de préstamo blando. Es recomendable estar al tanto de todas las convocatorias para ayudas a I+D+i que vayan saliendo en tu comunidad autónoma y a nivel nacional (BOE). Cuando las detectes, analiza si son aplicables a lo que tu empresa está haciendo, si cumples las condiciones y si lo que vas a presentar vas a llevarlo a cabo. Insisto, las ayudas públicas son muy útiles para ayudarnos en lo que de verdad queremos hacer. Construir de manera artificial un proyecto sobre el que no teníamos interés inicial para conseguir una ayuda pública no nos ayuda. El resultado de esta aproximación siempre es negativo, pues dispersamos nuestra atención y recursos y, al final, el dinero obtenido no lo podemos utilizar en lo que realmente necesitamos.

Además de las ayudas a través de convocatorias de programas concretos, existen también ayudas a la contratación de doctores que desarrollen proyectos de investigación industrial, con un desarrollo experimental o estudios de viabilidad previos. En este caso, hablamos de subvenciones, y lo que nos financian es un porcentaje del coste de empresa (salario y seguridad social) del doctor al que vamos a contratar. La ayuda se recibe durante 3 años, y el salario del doctor debe cumplir unos mínimos fijados por la propia categoría laboral de la persona que estamos contratando. No podemos contratar a un doctor por el salario mínimo interprofesional y pretender que se financie dicha contratación.

Dependiendo del momento, la seguridad social concede bonificaciones en las cuotas si contratamos a gente que cumple determinados requisitos (años de paro, tramos de edad, recién incorporados al sistema laboral...). Nos conviene enterarnos de cualquier bonificación que esté vigente en cada momento a fin de poder reducir al máximo nuestros costes, sobre todo en estos momentos iniciales.

Ayudas europeas

Por supuesto, en todo este panorama de ayudas públicas, no podemos olvidarnos de Europa. En este contexto, los proyectos son muy competitivos, y es difícil conseguir ayudas. Los temas que financian suelen estar centrados en áreas concretas, por lo que tenemos que ver si entramos en la temática de las convocatorias abiertas. Hay modalidades para ir en consorcio con empresas o para ir solos. La ventaja de las convocatorias europeas es que son siempre subvención a fondo perdido, y los importes, caso de que nos concedan el proyecto, son muy sustanciosos. De nuevo, el máximo que se financia es el 75 % de los gastos financiables del proyecto, y el 25 % restante ha de ser financiado de otra manera. Igual que en las convocatorias nacionales o regionales, no siempre admiten todos los gastos o conceptos de gastos que tenemos como «financiables».

Si tenemos un proyecto que encaje en una convocatoria y creemos que nuestro enfoque, nivel científico y capacidad de redacción del proyecto son buenos (hay que saber escribir proyectos «que gusten» a los evaluadores), esta vía de financiación es muy interesante.

Si es la primera vez que nos presentamos a un proyecto europeo, es recomendable ir en consorcio con más empresas que tengan esa experiencia y que sean «tractoras» o líderes. Así, entre otras cosas, aprenderemos a movernos en estos temas, independientemente del resultado o de la obtención de financiación.

Si la idea es nuestra y queremos liderarla, salvo que tengamos experiencia en proyectos europeos en consorcio, lo más recomendable es no hacerlo y buscar alguna convocatoria que permita ir solo. Ir de tractor o líder en un consorcio es muchísimo trabajo, requiere experiencia y suele generar bastantes «quebraderos de cabeza». Ya tenemos retos suficientes con una empresa recién creada como para meternos en otro más y de esta envergadura.

En cualquier caso, si no tenemos costumbre o experiencia con ayudas públicas, del tipo que sean, vale la pena contratar a una de las muchas consultoras especializadas en estas tareas. Muchas de ellas van a éxito, es decir, solo cobran si finalmente consiguen la ayuda. Otras combinan opciones, pero, en todo caso, los honorarios suelen ser muy razonables y nos ayudan a tener más opciones y, sobre todo, tranquilidad.

Ayudas públicas indirectas

Como financiación indirecta, el Estado favorece la financiación de empresas que dedican recursos a la I+D mediante bonificaciones y deducciones en el impuesto de sociedades. Esto parece poco útil si no damos beneficios; ¿de qué nos vale deducirnos cosas para pagar menos si estamos en pérdidas y por tanto no pagamos impuestos? Pero no es del todo así. Por un lado, tenemos una serie de años (con ciertos límites) para usar las bases imponibles negativas y las deducciones fiscales por inversiones en I+D. Es decir, lo que devengo en este ejercicio, aunque no me lo pueda aplicar este año, no lo pierdo, sino que lo podré utilizar en el futuro, cuando tenga beneficios. Ahora mismo, tenemos 10 años para poder aplicar las bases negativas y las deducciones, pero, como las leyes fiscales son cambiantes (y más en España), recomiendo actualizarse cada año y ponerse al día al respecto.

Otra opción que ahora está vigente es solicitar que Hacienda pague el 80 % de las deducciones al I+D que hayamos generado. El 20 % restante se perderá y ya no podremos deducirlo en el futuro. Además, hay que justificar a Hacienda la realidad de los gastos dedicados al proyecto de I+D mediante lo que se denomina un «informe motivado» que debe ser validado por una certificadora, y el cobro real de estos importes se suele producir más o menos 2 años después del devengo. No es que no sea útil, pero, si tenemos una tensión de tesorería a corto plazo, no nos sirve para solucionarla.

Como vemos, el sector público puede resultar de ayuda para conseguir fondos complementarios para la financiación de nuestra empresa, pero no es la panacea. Solo con recursos públicos no vamos a poder financiar nuestra compañía. Está bien conocerlos y usarlos en la medida que podamos, sin que nos distraigan del foco de nuestra compañía, pero necesitamos buscar en otra parte el resto de los fondos.

3. Financiación privada: inversores

Pongamos nuestra mirada en los inversores privados. Necesitamos 2 millones de euros para los próximos 2 años y así conseguir llegar al siguiente hito de valor. Quizá podamos conseguir 500 000 mediante ayudas públicas, pero la cantidad restante hemos de buscarla en otra parte, en el sector privado. ¿Y eso cómo lo hacemos? Lo primero, será preparar una presentación de nuestra empresa que enganche y capte el interés. Pero este tema, que es extremadamente relevante, lo explicaremos más en detalle en el próximo capítulo.

Demos por hecho que ya tenemos una buena presentación: dos versiones, una corta y resumida a la que se suele llamar *teaser* y otra larga y extensa. La primera la utilizaremos para enviar por *e-mail* o como reclamo para captar la atención, mientras que la extensa la presentaremos en persona, siempre que tengamos la oportunidad. Si no somos buenos haciendo presentaciones o no tenemos buena capacidad de expresión, necesitamos en el equipo a alguien que sí la tenga. Cómo se cuenta el proyecto es clave para «venderlo» y, ahora mismo, eso es exactamente lo que vamos a hacer: vender acciones de la empresa a cambio del dinero que necesitamos.

En paralelo con la presentación, debemos tener una idea de cuál va a ser la valoración de la compañía y el precio que podemos pedir por una participación, lo cual es algo complejo, ya que al fin y al cabo el precio de algo queda determinado por lo que los demás estén dispuestos a pagar por ello y aún no tenemos ni idea de cuánto estaría dispuesto un tercero a pagar por un porcentaje de nuestra compañía.

Valoración de la compañía

Valorar empresas es toda una ciencia. Si alguien tiene curiosidad sobre el tema y quiere dedicar tiempo a profundizar en los diferentes sistemas que existen, recomiendo el libro *Valoración de empresas*, del profesor del IESE Pablo Fernández. Es el mejor libro que conozco para tener una visión completa de cómo valorar una compañía, teniendo muy claro que una cosa es el valor, lo que podemos calcular, y otra el precio que vamos a obtener.

Para acercarnos o tantear una valoración inicial, existen varias aproximaciones que nos ayudan a hacernos una idea de este valor.

Benchmark

Busquemos transacciones, empresas cotizadas tanto en mercados alternativos como principales, asesores del sector que hayan participado en ampliaciones de capital de empresas en circunstancias parecidas... que nos ayuden a hacernos una idea de qué valoración se ha utilizado en dichas transacciones. Cuanto más parecida sea la referencia que busquemos, más útil resultará para definir un rango de valoración.

Descuento de flujos de caja

Con nuestro plan de negocio a 10 años, hagamos un descuento de flujos de caja para determinar la valoración actual de la compañía. Esto parece simple, pero no lo es. Un buen modelo de descuento de flujos de caja (*discount cash flow*) requiere de un conocimiento experto que necesitaría de un libro dedicado a ello para poder explicarlo con detalle y diferentes casuísticas. Por ello, no pretendo entrar en detalle. Sin embargo, si no queremos contratar a un experto o no nos lo podemos permitir, podemos hacer una «burda aproximación» que nos sirva como rango aproximado de por dónde situar una valoración con un racional que la soporte. Cualquier analista financiero nos va a decir que hay muchas cosas que no hemos tenido en cuenta, lo cual será cierto. Pero, pese a los muchos matices que nos vamos a saltar, el valor que obtengamos estará dentro de un rango realista, si hemos trabajado con unas buenas premisas.

Para aplicar este modelo, tenemos que discriminar primero si nuestro modelo negocio se basa en la licencia durante la vida de la patente de nuestra tecnología/producto, o bien nosotros mismos a través de recursos propios y distribuidores somos los que vamos a realizar las labores de comercialización.

En el primer caso, los años que consideraremos en el modelo son el número de años de vida de la patente. Una vez que esta expire, la empresa licenciataria dejará de pagarnos *royalties* y, si no hemos creado una estrategia para vender el producto nosotros mismos en paralelo cuando llegue este momento (lo cual no suele ser lo habitual), dejaremos de tener ingresos asociados a dicho producto o tecnología. Lo normal es que la empresa desarrolle a lo largo de esos años más tecnologías que a su vez generen más ingresos. Pero eso ahora es especular demasiado. El modelo lo podemos hacer tan complejo como queramos, pero también hemos de entender que nadie va a valorar el potencial de nuevos desarrollos que aún no tenemos ni pensados. A una fecha concreta, el modelo de ingresos y gastos lo tenemos que basar en lo que hoy conocemos y en las expectativas basadas en lo que hoy estamos haciendo, no en lo que podríamos ser capaces de hacer a lo largo de nuestra vida o de la vida de la empresa.

En este escenario, donde los ingresos tienen un horizonte temporal finito, nuestro modelo lo construiremos de la siguiente manera:

- Hagamos una cuenta de resultados anual hasta el año en que la patente expire.
- Los ingresos son los *royalties* que nos paga la compañía licenciataria, en base a las ventas que pensamos que van a tener en dicho período.
- Los gastos son los necesarios para llevar la tecnología al punto donde asumimos que será atractiva para la licencia; por ejemplo, en el caso de un fármaco, tener datos de fase II. A partir de ese hito, los gastos serían los necesarios para mantener una estructura basal de la compañía. Si pensamos dedicar nuevos recursos a un nuevo proyecto, lo que sería lo normal, debemos ser cautos con esta construcción. Un inversor no va a dejar que tengamos en cuenta los ingresos asociados a esta nueva apuesta, pero, sin embargo, los gastos sí penalizan nuestra valoración. Por ello, es recomendable asumir que, una vez licenciada la tecnología, la compañía se queda con una estructura básica de gastos, sigue funcionando para dar apoyo a la tecnología licenciada y poco más. No coincide exactamente con la realidad, pero podremos generar un modelo que asocie los gastos inherentes a la potencial generación de ingresos.
- Los flujos que queremos descontar, es decir, traer a valor de hoy, no son el resultado neto de la cuenta de pérdidas y ganancias, sino la caja, el dinero que la compañía genera, lo que se denomina *free cash flow* o «flujo libre de caja» (FCF). El FCF se calcula a partir del beneficio neto de cada ejercicio (ingresos menos gastos), al que se restan (o se suman, dependiendo del año) los impuestos por pagar (o por compensar, si estamos en pérdidas). A esta cifra le restamos las inversiones en activos materiales que pensamos realizar (la mínima imprescindible) y le sumamos las amortizaciones[1].

  En un modelo más completo, a la cifra obtenida deberíamos restarle o sumarle el resultado de los movimientos de lo que se denomina fondo de maniobra[2] o necesidades operativas de fondos[3]. Mi formación en el IESE me inclina a utilizar siempre las necesidades operativas de fondos (NOF), más inherentes a nuestro negocio concreto. En el fondo de maniobra se incluyen las NOF y la deuda a corto plazo (posición financiera), lo cual no depende del tipo de negocio, sino de una decisión empresarial respecto a la estructura de deuda. Meternos en estos cálculos complica mucho el modelo, y aquí tratamos de hacer algo sencillo que nos dé una idea de valoración, por lo que asumiremos que no tenemos *stock* y que pagamos y cobramos al contado. Aunque esto no es realista, vamos a ignorar el efecto de las necesidades operativas de fondos en nuestro modelo, a sabiendas de que lo más habitual es tener una generación de caja inferior, pues parte de esta se tiene que dedicar a financiar las NOF.

- Actualizar estos valores de cada año a valor de hoy, es decir, traer esta generación de caja a fecha de hoy, para lo que podemos seguir dos caminos:

  1. Aplicando una tasa de descuento o tasa de actualización (el coste de capital que se aplica para determinar el valor presente de un pago futuro) que incluya el riesgo proyectado, para lo que debemos preguntarnos qué rentabilidad espera tener un inversor si invierte en la empresa, considerando el riesgo del proyecto. Si los tipos de interés están al 2 % y las inversiones sin riesgo están a esa misma tasa, cualquier proyecto empresarial requiere una tasa superior o, de lo contrario, el inversor mete su dinero en letras del Tesoro (inversión sin riesgo, por lo menos, teóricamente). Si empresas como Telefónica o Repsol, es decir, con mucho menos riesgo que un proyecto de investigación que está empezando, dan una rentabilidad del 4 % (por poner un ejemplo), tendremos que ofrecer mucho más para que el inversor elija nuestra empresa y no las acciones de Telefónica. Está claro que estamos ante una tasa de dos dígitos. Si usamos el 15 % o el 25 %, dependerá de la fase en la que se encuentre nuestro proyecto, es decir, del riesgo que tiene la inversión. Cuanto más cerca del mercado, menor riesgo y, por tanto, menor tasa.
  2. Si no tenemos ni idea de qué tasa usar y no conocemos a nadie familiarizado con el mercado financiero que nos pueda asesorar sobre la tasa de mercado en función del riesgo del

proyecto, podemos aplicar probabilidades de éxito a los flujos que hemos proyectado. Es decir, si el compuesto está en un estado muy inicial, podemos considerar que la probabilidad de que dichos flujos se den es del 20 % o del 25 %. Conforme estemos en una situación de mayor certeza, la probabilidad subirá. No olvidemos que estamos analizando la valoración de la compañía a una fecha concreta. En un año, si hemos llegado a un hito de valor que reduce el riesgo del proyecto, la valoración subirá (la probabilidad aumentará o la tasa de descuento bajará). En este caso, una vez hayamos reducido los flujos de caja a futuro en función de la probabilidad que le asignemos, aplicaremos una tasa de descuento similar a la tasa sin riesgo, pues hemos eliminado el riesgo del modelo con la probabilidad de éxito. Siendo 1 el año en que empezamos nuestra proyección y *n* el año en el que expira la patente o, lo que es lo mismo, el último año de nuestra proyección, la fórmula para la obtención del valor es:

$$Valoración\ empresa = \sum_{t=1}^{t=n} \frac{FCF_1}{(1+K)^1}$$

Los FCF serán flujos directos, si vamos a considerar una tasa de descuento que incluya el riesgo, o flujos reducidos por la probabilidad de éxito que asignemos, si vamos a utilizar una tasa de descuento sin riesgo. K es la tasa que estamos empleando para actualizar los flujos y los FCF son los flujos libres de caja (según los hemos calculado) de cada uno de los años. Esto suena muy lioso para quien no esté acostumbrado, pero es la parte más fácil. En Excel, existe una función denominada VNA (valor actual neto) que nos da este valor sin tener que hacer prácticamente nada, más allá de tener calculados los FCF y de definir la tasa de descuento.

A continuación, veamos un ejemplo muy simple de lo que podría ser la proyección de los flujos generados en el desarrollo de un kit de diagnóstico que licenciamos y cuya patente expira en el 2030. Si consideramos una tasa de descuento del 18 %, donde el inversor que mete dinero espera obtener una rentabilidad del 18 % al cabo de los 10 años, la valoración de la compañía hoy sería, teniendo en cuenta los flujos de caja que esperamos obtener:

Tabla 1. Ejemplo de valoración por flujos de caja con horizonte temporal finito

Años	2021	2022	2023	2024	2025	2026	2027	2028	2029	2030
Ingresos	0	0	0	0	1 000 000	3 000 000	3 900 000	5 070 000	6 591 000	8 568 300
Gastos	500 000	800 000	1 500 000	2 000 000	2 100 000	800 000	808 000	816 080	824 241	832 483
BAI	-500 000	-800 000	-1 500 000	-2 000 000	-1 100 000	2 200 000	3 092 000	4 253 920	5 766 759	7 735 817
Impuestos	-125 000	-200 000	-375 000	-500 000	-275 000	550 000	773 000	1 063 480	1 441 690	1 933 954
Pago del impuesto	0	0	0	0	0	0	0	911 480	1 441 690	1 933 954
Inversiones	300 000	50 000	50 000	50 000	50 000	50 000	50 000	50 000	50 000	50 000
Amortizaciones	30 000	35 000	35 000	35 000	35 000	35 000	35 000	35 000	35 000	35 000
FCF	**-770 000**	**-815 000**	**-1 515 000**	**-2 015 000**	**-1 115 000**	**2 185 000**	**3 077 000**	**3 327 440**	**4 310 069**	**5 786 863**
K	18%									
VNA	**1 051 332**									

Como vemos, la valoración sale de 1 051 332 euros. La tasa de descuento es alta, pues el proyecto aún tiene mucho riesgo. Si no ofrecemos una alta rentabilidad potencial, nadie invertirá aquí su dinero.

Como saben todos los que usan este tipo de métodos de valoración y hojas de cálculo, un Excel lo admite todo. Podemos jugar con los modelos y los cálculos como queramos, siempre que haya un racional consistente detrás de cada premisa de cálculo y proyección. Si bajamos la tasa de descuento al 15 % o subirla al 20 %, la valoración cambiará sustancialmente, sin existir un sistema incuestionable que nos ayude a definir la tasa como 20 % o 18 %. Ambas pueden ser defendibles y, sin embargo, la valoración resultante será muy distinta.

Si, en lugar de estar ante un modelo donde la generación de ingresos tiene un horizonte finito, estamos ante una situación donde el horizonte es infinito, tenemos que adaptar la fórmula para incluir la perpetuidad de los flujos. No haremos un Excel con un número infinito de años, sino que introduciremos en el último año un cálculo matemático de lo que sería la renta a perpetuidad, es decir, la renta del último año calculado, que crece en un porcentaje marginal, como el 1 %. Para hacer esto, debemos proyectar los FCF hasta el año en que creamos que el negocio se ha estabilizado. Si somos nosotros los que comercializamos con distribuidores, podemos considerar que, tras expirar la patente, las ventas caerán un 50 %, porque entrarán productos genéricos, y que, además, tendremos que bajar los precios por la inyección de competencia. Por ello, una premisa puede ser que, aunque las ventas caigan un 50 %, a partir de ese momento, lo que obtengamos será más o menos constante con un crecimiento mínimo por el IPC (o incluso menos).

Que las ventas caerán un 50 % al expirar la patente o incluso más, dependiendo de la competencia, el avance de la tecnología, la dificultad de copiar el producto... es bastante realista. Cada caso implicará un estudio concreto y, además, habrá muchas variables que hoy no conocemos, pues no tenemos ni idea de cómo habrá avanzado la tecnología dentro de 15 o 20 años. Por ello, asumir una bajada del 50 % es razonable y defendible. Todo lo que sea superior a esto estresará la valoración, por lo que nuestros inversores no pondrán pegas a que seamos más conservadores. Eso sí, no olvidemos que una valoración más baja implica una dilución superior, es decir, vender una mayor parte de la compañía por el mismo dinero.

Tabla 2. Ejemplo de valoración por descuento de flujos de caja con horizonte temporal infinito

Años	**2021**	**2022**	**2023**	**2024**	**2025**	**2026**	**2027**	**2028**	**2029**	**2030**	**2031**	**Renta Perpetua**
Ingresos	0	0	0	0	1 000 000	3 000 000	3 900 000	5 070 000	6 591 000	8 568 300	4 284 150	
Gastos	500 000	800 000	1 500 000	2 000 000	2 100 000	800 000	808 000	816 080	824 241	832 483	840 808	
BAI	-500 000	-800 000	-1 500 000	-2 000 000	-1 100 000	2 200 000	3 092 000	4 253 920	5 766 759	7 735 817	3 443 342	
Impuestos	-125 000	-200 000	-375 000	-500 000	-275 000	550 000	773 000	1 063 480	1 441 690	1 933 954	860 835	
Pago del impuesto	0	0	0	0	0	0	0	911 480	1 441 690	1 933 954	860 835	
Inversiones	300 000	50 000	50 000	50 000	50 000	50 000	50 000	50 000	50 000	50 000	50 000	
Amortiza-ciones	30 000	35 000	35 000	35 000	35 000	35 000	35 000	35 000	35 000	35 000	35 000	
FCF	**-770 000**	**-815 000**	**-1 515 000**	**-2 015 000**	**-1 115 000**	**2 185 000**	**3 077 000**	**3 327 440**	**4 310 069**	**5 786 863**	**2 567 506**	**15 102 979**
g	1 %											
K	18 %											
VNA	**3 539 483**											

Volviendo a nuestro ejemplo, en el año 2032 tendremos que colocar un valor resultante del cálculo siguiente de su renta perpetua.

$$\frac{FCF_n}{K - g}$$

K sería la tasa de descuento que estamos utilizando y *g* la tasa de crecimiento a perpetuidad que vamos a considerar. Como puedes ver en la tabla 2 de la página anterior, añadiremos 2031 como año en el que los ingresos caerán a la mitad y calcularemos a partir de ahí el valor residual de la renta perpetua para añadirlo a nuestras proyecciones de flujos de caja.

Podemos comprobar que, la valoración es más elevada, lo cual es lógico, porque en este caso estamos asumiendo que la compañía continúa generando flujos de caja positivos *ad-infinitum*. Conforme vayan pasando los años, tendremos mayor probabilidad de éxito, por lo que el riesgo será inferior y, por tanto, la tasa de descuento será más reducida. A la postre, suponiendo que consideremos que año tras año los FCF no van a cambiar (lo que es poco probable porque, conforme tengamos más información, haremos mejores proyecciones y más ajustadas), la valoración de la sociedad subirá gracias a una tasa de descuento más baja.

Este es el motivo por el que, en cada ampliación de capital donde tengamos que buscar dinero, intentaremos no quedarnos cortos, pero tampoco ir a por todo lo que vayamos a necesitar hasta que el proyecto esté en el mercado. Lo importante es asegurarnos de llegar al siguiente hito de valor; una vez alcanzado, el riesgo bajará, y la valoración de la empresa subirá, por lo que conseguiremos más dinero por el mismo porcentaje de la sociedad.

Antes de concluir esta pequeña introducción a la valoración de compañías mediante el descuento de flujos de caja, debemos mencionar el WACC. Es probable que no suene de nada, y llegados a este punto es mejor olvidarse. Pero si es un término que resulta conocido, quizá por verlo en algún foro financiero o por mención de un potencial asesor de cara al cálculo de la valoración, vamos a hacer un par de comentarios.

El WACC es el coste promedio ponderado de la deuda y los recursos propios (*weighted average cost of capital*), la tasa a la que estamos descontando los flujos de caja, porque lo que estamos haciendo es considerar solamente el coste de los recursos propios, es decir, la rentabilidad que quiere obtener el accionista que mete su dinero en la empresa. Cuando las empresas tienen una estructura de deuda con un coste determinado (dependiendo de cómo sean los intereses de los distintos préstamos), el WACC será una media ponderada entre este coste y la rentabilidad exigida por los accionistas, que será siempre la rentabilidad de los activos sin riesgo (o con muy poco riesgo, como la deuda pública), más el factor resultante de multiplicar la beta de la acción de la empresa que estoy valorando por la prima de riesgo de mercado. La prima de riesgo del mercado, como su nombre indica, será más alta conforme más riesgo tenga el mercado donde se invierte. En igualdad de condiciones, una empresa en Alemania es más segura que una empresa en Brasil, simplemente porque el mercado financiero de Alemania es más seguro que el de Brasil. Esta prima, definida por el país y el sector donde está la empresa, hemos de multiplicarla por la beta o volatilidad de la acción. A la postre, la volatilidad de cualquier acción es definida sobre todo por su riesgo. Por ello, resumiendo esta explicación, la rentabilidad exigida por los accionistas dependerá del tipo de accionista (más o menos adverso al riesgo), del mercado donde esté la empresa, del riesgo del propio proyecto y de la rentabilidad de los activos sin riesgo. Todos estos factores los hemos de tener en cuenta a la hora de determinar qué tasa nos parece la adecuada en cada momento.

Valoración en función de ratios

¿Qué es el PER? Seguramente algunos se hayan encontrado con este término de pasada, quizá cuando alguien contó cómo una empresa se valoró en dos veces sus ventas o cinco veces su EBITDA, pero es normal no saber cómo encajar estas aproximaciones con lo que hemos visto hasta ahora. Efectivamente, otra forma de valorar una empresa es en función de sus ventas, su EBITDA (es decir, su beneficio antes de intereses e impuestos), su beneficio neto o su capacidad de pagar dividendos. Todos estos métodos, ampliamente utilizados y cuyos ratios varían dependiendo del sector y del momento de mercado, son útiles cuando estamos en una empresa consolidada y madura. De momento, acabamos de crear una empresa, por lo que los ingresos, un EBITDA positivo y los dividendos vendrán dentro de un tiempo. Este tipo de ratios no suele tener sentido para valorar empresas de reciente creación con un alto potencial de crecimiento. Es más, probablemente salga que la compañía vale 0: si las ventas son 0, un multiplicador de ventas dará 0.

El PER o *price earning ratio* es el número por el que tenemos que multiplicar el beneficio neto para obtener el valor de una empresa. Se utiliza mucho en empresas cotizadas maduras y con beneficio y, cuando es muy alto, implica que la empresa tiene más valor de mercado que los beneficios que obtiene, es decir, que el mercado piensa que tiene mucho potencial de crecimiento. Si el PER es bajo, ocurre lo contrario: se valora, como mucho, en el beneficio que tiene hoy. Pero en una empresa sin beneficios, el PER no se puede calcular (sería infinito). Estos ratios no son útiles en procesos de valoración de empresas de reciente creación que aún no tienen ni ventas ni beneficios o que, de tenerlos, son muy marginales y poco representativos del potencial de la compañía en un futuro.

Valor contable

Por último, antes de terminar con las valoraciones, no hemos de olvidar el valor contable de nuestra compañía: lo que tengo menos lo que debo, activo real menos pasivo exigible, lo que se denomina «patrimonio neto». El valor contable de la empresa es el suelo de la valoración. Salvo en situaciones de concurso u otras situaciones muy conflictivas que no deberían ser el caso si estamos creando una compañía, lo que tenemos menos lo que debemos (patrimonio neto) será la valoración mínima de la compañía para un tercero. Lógicamente, si la empresa tiene un proyecto, este no queda valorado de forma económica en el balance, sino que ahí aparecerán los gastos de patente o de licencia capitalizados, pero no corresponderá al valor potencial de la sociedad, por lo que debemos emplear diferentes métodos para obtener una franja aproximada de valoración donde se contemple la capacidad de generar caja en el futuro.

Hasta aquí, un breve repaso de cómo podemos establecer un rango de valoración de nuestra compañía. Recordemos que nuestro objetivo es conseguir financiación mediante la aportación de dinero por parte de socios nuevos. En este contexto, tenemos que saber qué valor damos a nuestra compañía para determinar el porcentaje que van a obtener los nuevos accionistas por el dinero que aporten. Nosotros intentaremos que la valoración sea lo más alta posible, y los nuevos inversores tratarán de que sea lo más baja posible. Todos estos métodos de valoración nos dan herramientas para defender un precio lo más cercano a lo que nos gustaría. No hay una fórmula matemática que nos dé un valor inamovible para un activo. Un profesor mío del IESE, experto en valoraciones, ponía siempre como ejemplo el precio de una vaca: podemos analizar la leche que dará la vaca durante su vida, lo que obtendremos al final cuando la matemos y la vendamos como carne, y el coste que tendrá mantenerla viva para conseguir un cálculo matemático que nos diga cuál es el valor de la vaca, pero, si necesitamos vender la vaca, el precio lo va a determinar el juego de la oferta y la demanda del mercado, es decir, lo que alguien esté dispuesto a pagar por ella. Si hay más oferta de vacas de las que la gente quiere, el precio será bajo; si por el contrario hay pocas vacas y mucha demanda, el precio será alto. El precio de algo lo crea el juego de la oferta y la demanda de ese bien en un mercado concreto y la necesidad que tengamos de venta rápida. Da igual lo que diga un modelo de valoración sobre el valor de nuestra compañía: si necesito capital y nadie está dispuesto a entrar ante una valoración concreta, tendré que bajarla hasta hacerla atractiva para conseguir mi objetivo.

Lo peor que nos puede pasar es que tengamos que cerrar la empresa o incluso que no llegue a despegar nunca porque no consigamos capital, es decir, una valoración de 0. Tengamos eso en mente cuando peleemos por defender una valoración. Ante todo, sentido común: nuestra prioridad es conseguir la financiación y, después, al mejor valor posible. Pero no matemos la primera prioridad con la segunda.

Con un plan de negocio más o menos defendible, un rango de valoración y una buena presentación (veremos en el próximo capítulo cómo construirla), estamos en disposición de buscar inversores privados.

Tipos de inversores

Hay diferentes tipos de inversores a los que nos podemos aproximar. Por supuesto, están los llamados *family & friends*, empresas o personas de nuestro entorno que, sin ser profesionales de este tipo de inversiones, pueden tener interés en invertir en nuestra compañía. La cercanía a estos hace que sea fácil la aproximación. Por supuesto, una buena presentación y valoración ayudarán, pero probablemente consigamos su atención sin necesidad de dedicar muchos recursos personales a estas tareas.

La cosa cambia cuando necesitamos inversores profesionales. Nuestra empresa es una inversión de riesgo, por lo que debemos buscar inversores con un perfil de riesgo alto. En este grupo, encontramos los denominados *venture capital* (VC), que suelen estar especializados por sectores (*biotech*, *fintech*, IT, tecnologías en general...), empresas con alta capacidad de crecimiento y mucho riesgo. Los VC buscan inversiones con mucha rentabilidad que compensen el alto riesgo asumido. Suelen ser fondos con amplias carteras donde diversifican el riesgo. De cada diez inversiones, les salen bien dos, pero el retorno de estas dos inversiones es de tal magnitud que compensa con creces las pérdidas generadas en las ocho que han fracasado y, aun así, se generan plusvalías. Para que estos números salgan, los VC son muy agresivos negociando el precio. Cuanto más barato entren, más fácil es que la rentabilidad que obtengan sea alta si la tecnología llega al mercado. Por ello, tienen fama de «buitres» en las valoraciones que aplican a sus participadas.

Adicionalmente, exigen un cierto grado de *reporting* mensual que suele ser un «incordio» para compañías reducidas, con los recursos muy centrados en sus proyectos. Los VC no suelen entrar en fases muy iniciales, sino cuando la cosa «empieza a pintar bien». En el caso de desarrollo de fármacos, suelen entrar con la preclínica regulatoria hecha, es decir, a punto de entrar en clínica o, por supuesto, en fases posteriores si hay buenos datos. La entrada en fases anteriores suele implicar valoraciones de derribo que resultan muy frustrantes para los fundadores.

En España no hay muchos VC especializados en biotecnología. Podríamos nombrar Ysios Capital, uno de los primeros que se crearon con este fin en el país, o Inveready, un inversor muy activo en el mercado. Los fondos internacionales como Sofinnova o Abingworth, así como los VC de las grandes farmacéuticas, son referentes del sector. En cualquier caso, para conocerlos y contactar con ellos es bastante útil acudir a los grandes simposios que se organizan en el sector tanto para buscar capital como para expandir el negocio (actividades de desarrollo de negocio), como BioSpain (organizado por ASEBIO), BioEurope (versión europea con reuniones en otoño y primavera), BioConvention (versión estadounidense de este tipo de eventos) o BioEquity (más centrado en la búsqueda de inversión). En todas estas citas podremos contactar y conocer VC generalistas y expertos en biotecnología en sus diferentes áreas (diagnóstico, fármacos, tecnologías, dispositivos médicos...). Acudir a todas las ferias es muy caro y poco útil, pues veríamos a los mismos en muchas de ellas, pero elegir un evento nacional y otro internacional al año es muy aconsejable, máxime si prevemos buscar capital en un horizonte próximo.

La entrada de un VC experto en nuestro accionariado nos servirá de tractor para otros inversores, pues muchos a quienes les gusta el sector, pero no saben cómo valorar o cómo seleccionar buenos proyectos (no son expertos), se apoyan en las decisiones de estos VC para invertir ellos. De este modo, muchos *family offices* generalistas entrarían en el capital de una *biotech* si un VC especializado invierte en la misma. Esta es una de las ventajas de la presencia de este tipo de inversor en una ronda de capital. Su presencia permite que la cantidad captada pueda ser relevante, pues no solo contaríamos con la aportación directa de ellos, sino también con cantidades adicionales aportadas por otros, que solo invierten si un VC experto valida el proyecto y la valoración.

Como hemos dicho anteriormente, los VC suelen entrar cuando la cosa «empieza a tener visos de pintar bien», es decir, en los momentos iniciales no suelen hacerlo. En esta situación, nuestras opciones de capital privado, además de los *family & friends*, incluyen los *business angels* o los programas que fundaciones u otro tipo de instituciones promueven para apoyar el salto de los proyectos de investigación hacia el mundo empresarial.

En este caso, las valoraciones no son muy agresivas y el papeleo tampoco es relevante, pero las cantidades que podemos captar suelen ser reducidas, lo justo para dar ese salto del mundo académico al empresarial y conseguir un primer hito de valor. En España tenemos, entre otros, Caixa Capital Risk o la Fundación Botín con su programa Mind the Gap, que apoyan proyectos empresariales iniciales basados en un buen proyecto de investigación. En Estados Unidos, encontramos muchos programas promovidos por instituciones como el NIH[4] u otros organismos. En cada campo concreto, podemos encontrar fundaciones u organizaciones que apoyen una línea concreta de investigación con ayudas y subvenciones, como la organización CARB-X (fundada por la Universidad de Boston y apoyada por la Fundación Bill y Melinda Gates), entre otras, para desarrollar vacunas contra las bacterias multirresistentes. Si nuestro proyecto tuviera este fin, esta fundación sería óptima para intentar que financiara gran parte de nuestros gastos de I+D. Un mercado con mucho potencial e interés por desarrollar soluciones tendrá diferentes organizaciones sin ánimo de lucro que puedan ayudarnos a obtener financiación en estadios iniciales.

En los últimos años, ha cogido fuerza la opción del *crowdfunding* o micromecenazgo, un tipo de financiación colectiva que se realiza a través de plataformas *online* sin pasar por bancos o instituciones financieras tradicionales. Es una especie de «bolsa» en pequeño, donde a través de una plataforma *online* un grupo de personas interesadas en invertir pequeñas cantidades en I+D invierten en tu empresa a cambio de unas pocas acciones. También existen otras modalidades, de forma que el inversor puede tener, en vez de acciones, títulos de deuda, una recompensa de algún tipo o incluso nada, si son pequeñas inversiones altruistas. Para movernos con esta opción, hay que buscar una buena plataforma, que funcione bien y que sea capaz de mover mucha gente interesada. Quienes prestan o invierten su dinero son gente común, no inversores profesionales, y suelen ser cantidades muy reducidas, si bien la suma de muchas cantidades reducidas puede dar lugar a una cantidad interesante. Cada vez hay más plataformas en España, pero no pensemos que podemos obtener todo el dinero que necesitemos con esta vía. La publicidad a través de la plataforma elegida es crucial, pues hará que el proyecto resulte atractivo y capte el interés de pequeños inversores. Dependiendo del país y de la costumbre o de lo extendida que esté esta herramienta, las cantidades que podemos obtener pueden ser muy diferentes. En torno al millón de euros puede ser un objetivo alcanzable en 2020 en España si el proyecto es interesante y la plataforma que elegimos tiene buen posicionamiento. Cada vez existen más proyectos que comienzan su andadura financiándose por esta vía, lo cual está revolucionando e impulsando la creación de empresas basadas en proyectos nuevos y atractivos.

4. Mecenazgo tecnológico

Tras toda esta exposición, he dejado para el final la opción más compleja de entender, pero que asegura una financiación no dilutiva de entre el 25 % y el 30 % de los gastos de I+D. Hablamos de lo que en términos coloquiales se denomina *tax lease* o «mecenazgo tecnológico»: una potente herramienta que nos permite vender las deducciones fiscales por I+D que nuestro proyecto generaría durante su desarrollo.

Como hemos visto, un empresario investigador puede acudir a diferentes vías de financiación, tanto públicas como privadas. Una coyuntura económica negativa suele reducir las posibilidades de captar financiación, y no solo privada; los fondos públicos también se reducen en épocas de crisis. Además, los trámites y procesos que debemos hacer frente no son garantía de obtener los fondos. ¿Por qué hablamos de esto? Porque ahora vamos a incluir una vía de financiación que, mientras no haya modificaciones relevantes en la ley fiscal en la que se apoya, permite la obtención de fondos en cualquier circunstancia económica.

Empecemos a contextualizar cómo y de dónde nace este tema. En capítulos anteriores, hemos comentado que, tanto en España como en otros muchos países de la UE y del mundo, existen deducciones fiscales por la ejecución de proyectos de I+D+i que permiten un ahorro en el pago de impuestos y, por ende, suponen una financiación indirecta de proyectos de I+D, cuando la compañía esté en beneficios. Es una especie de cupón que proporciona Hacienda para pagar menos impuestos en el futuro.

La Agencia Tributaria de cada país establece qué actividades tienen la consideración de investigación y desarrollo a efectos de la deducción por los gastos efectuados en su realización. En España, esto viene recogido en el artículo 35 de la Ley 27/2014, de 27 de noviembre, del Impuesto sobre Sociedades. En este sentido, desde el año 2015 existe una vía de financiación amparada por la Administración que permite aprovechar las ventajas fiscales que otorga la ejecución de un proyecto de I+D+i. Si la entidad de referencia en España para la financiación pública es el CDTI, sin duda, la entidad especializada en mecenazgo tecnológico es la compañía Kaudal. Existen otros estructuradores, pero, en 2021, esta compañía es líder en el mercado español y ha ayudado a financiar proyectos por más de 200 millones de euros durante 2020.

Pero ¿qué tipo de financiación es esta? ¿Cómo podemos beneficiarnos de la misma? Profundicemos en los orígenes del instrumento antes de contestar a estas cuestiones.

En 2014, la Dirección General de Tributos, entidad dependiente del Ministerio de Hacienda, aprobó dos consultas vinculantes por las que una empresa tecnológica podía vender las deducciones fiscales que genera como proyecto de I+D a otra empresa (denominada «inversor» o «mecenas»). Para ello, se estableció una estructura legal entre la empresa tecnológica y la empresa mecenas que giraba alrededor de una agrupación de interés económico. La primera operación de mecenazgo tecnológico o *tax lease* de I+D en España se realizó en 2015. Hoy se han realizado ya más de 150 operaciones en todo el país, y son numerosas las compañías tecnológicas que aprovechan este instrumento de forma habitual.

¿Qué es el mecenazgo tecnológico o *tax lease*?

El mecenazgo tecnológico es un término acuñado por Kaudal para describir lo que comúnmente en el argot bancario se conoce como *tax lease* de I+D+i. *Tax lease* fue originalmente la denominación de un «contrato de *leasing* con incentivos fiscales» y actualmente se refiere a cualquier operación de financiación que involucre incentivos fiscales en su desarrollo. Es una herramienta utilizada por los estados a través de sus autoridades fiscales para atraer inversión privada a sectores estratégicos. Estados Unidos, Reino Unido o Francia fueron algunos de los países pioneros en el uso de este instrumento. Hace ya 10 años que en España se realizan operaciones de *tax lease*, tanto en la construcción de buques como en la producción cinematográfica o de eventos. Como hemos comentado, su aplicación en el área del I+D empezó a partir de 2015 gracias a cambios normativos impulsados por el Gobierno a través de la Dirección General de Tributos.

La estructura definida en estas consultas vinculantes, denominada actualmente «mecenazgo tecnológico», recoge una vía de inversión para proyectos de I+D+i a través de la cual un capital se traslada desde inversores hasta la empresa ejecutora del proyecto y unas deducciones fiscales se trasladan desde el ejecutor material del proyecto de I+D+i a los inversores.

Lo que busca esta estructura es que una empresa en beneficios utilice nuestras deducciones a la I+D+i en su impuesto de sociedades, y nosotros podamos monetizar (cobrar en forma de dinero) esas deducciones. Obviamente, eso implica perder ese crédito fiscal y no tener derecho a él en un futuro, puesto que se lo hemos «pasado a otro», pero para una compañía que está empezando y no tiene beneficios, supone mayor valor contar con esa caja al principio que con un crédito fiscal dentro de unos años.

La operación de mecenazgo tecnológico o *tax lease* de I+D implica una relación mercantil temporal entre tres entidades: los mecenas (la empresa que está en beneficios), la empresa de I+D+i y una AIE (agrupación de interés económico). Los mecenas son empresas que invierten dinero en una AIE y le aportan recursos que le permiten financiar la ejecución del proyecto de I+D+i, a cambio de obtener un retorno en forma de ahorro en la cuota del impuesto de sociedades y de fomentar el desarrollo de una actividad estratégica para sociedad en cuestiones de responsabilidad social corporativa. Su denominación proviene del tradicional concepto de mecenas como aquella persona que patrocina las artes o las letras, ya que gracias a ellos se llevan a cabo proyectos de I+D+i que no se ejecutarían sin su ayuda, contribuyendo así al desarrollo y mejora de la sociedad y cumpliendo con sus normas internas de responsabilidad social corporativa (RSC).

La empresa de I+D+i es una compañía con gran capacidad investigadora que pretende invertir en un proyecto de I+D+i estratégico y que encuentra en el mecenazgo tecnológico una manera de cofinanciar dicha inversión. Esta entidad cuenta con el conocimiento científico, los elementos humanos y técnicos, así como con los dispositivos e instalaciones necesarios para actuar como contratista principal del proyecto de I+D+i, bien para su ejecución completa directa, bien para la coordinación de las subcontrataciones necesarias.

La AIE es una sociedad mercantil que está constituida por los mecenas. No cuenta con personal investigador en plantilla, sino que subcontrata la totalidad del proyecto a la empresa de I+D+i, que sí dispone de los recursos y conocimientos para hacerlo. La AIE aporta fondos y se encarga de controlar la ejecución del proyecto. Se rige por el principio de transparencia fiscal, de modo similar a las UTE, de tal modo que, a la finalización de su ejercicio fiscal, sus resultados, así como las deducciones fiscales a las que tuviera derecho en su caso, se imputan directamente a los socios en su porcentaje de propiedad. Esta es la razón por la que se utiliza una AIE en estas estructuras.

Los beneficios para nuestra empresa son evidentes. Conseguimos financiar aproximadamente el 30 % de los gastos de I+D que tengamos en la compañía en el período de ejecución del proyecto. Los proyectos que se presentan a estructuras de *tax lease* pueden ser anuales o plurianuales; es una vía de financiación no dilutiva que acerca a inversores privados al ecosistema investigador. Pero ¿y el inversor qué beneficios tiene?

El *tax lease* es una herramienta para aquellos grupos empresariales que tienen verdaderamente una vocación por mejorar la vida de las personas no solo a través de su propia actividad económica, sino de iniciativas como las que brindan la tecnología y la investigación, que son pilares fundamentales del desarrollo de cualquier país. A través de este tipo de estructuras, un inversor puede cumplir con esa vocación y, a la vez, obtener una rentabilidad fiscal muy atractiva en retorno a ese apoyo. Por transparencia fiscal el inversor consigue un ahorro fiscal muy relevante al aplicarse las deducciones a la I+D+i propias de la empresa investigadora.

El mecenazgo tecnológico es un instrumento financiero que permite canalizar nueva inversión privada a proyectos de I+D+i a partir de una estructuración basada en incentivos fiscales aplicables a la investigación, el desarrollo y la innovación. Aunque este tipo de estructuras se pueden hacer con cualquier empresa con un proyecto de I+D+i, las estructuradoras suelen pedir unos requisitos mínimos que pueden variar en función de la empresa de estructuración que elijamos. Sigamos entonces los requisitos de Kaudal, líder en España de este tipo de servicios.

Requisitos para proyectos:

- Gasto anual mínimo de la empresa en proyectos de I+D: 300 000 euros.
- Gasto anual mínimo de la empresa en proyectos de IT: 600 000 euros.

- Madurez tecnológica para proyectos de I+D: TRL de 1 a 5.
- Madurez tecnológica para proyectos de IT: TRL de 6 a 7.
- Incompatible a nivel proyecto con otros instrumentos públicos, es decir, los proyectos que hayamos financiado ya con fondos públicos (RETO, CDTI u otras ayudas) no pueden ser a su vez financiados mediante *tax lease*).

¿Cómo funciona el *tax lease*?

Las empresas que se encargan de la estructuración localizan otras empresas con proyectos de I+D que quieran recibir financiación a través de mecenazgo tecnológico. Esta búsqueda es mutua, es decir, las estructuradoras buscan empresas de I+D y las empresas de I+D buscan estructuradoras que sean serias y les aseguren encontrar inversores interesados en ser «mecenas».

El proyecto ha de ser sometido a certificación (*ex ante*) por parte de una entidad adscrita a ENAC que certifique que ese proyecto es de I+D y que su contenido económico es consistente con el objetivo que se pretende, porque las deducciones de I+D son al gasto, no al éxito ni al resultado. Lo que importa es que esté cualificado como I+D desde un punto de vista científico, que la actividad que vaya a desarrollar parta del estado actual en esa materia y que lo eleve a un nuevo nivel que sea disruptivo. Y también que el desarrollo temporal y económico sea consistente con lo que se pretende. Los evaluadores son científicos especialistas en la rama de investigación en cuestión y serán quienes permitan disponer del certificado *ex ante*. Pero no nos asustemos: no se busca descubrir la electricidad; todo esto es para asegurar que lo que realmente se plantea es un proyecto de I+D, no una obviedad o un simple desarrollo sobre algo que ya existe y han descubierto otros.

Una vez se tiene el certificado *ex ante*, se suscribe una operación entre el estructurador (por ejemplo, Kaudal) y las empresas de I+D. El estructurador se compromete a facilitarles el mecenazgo tecnológico, y aquí es donde es importante elegir una empresa que garantice la aparición de los mecenas. Es decir, queremos que a final de año se firme y cierre según lo previsto, no que en diciembre la empresa estructuradora nos diga que no ha conseguido suficientes inversores (empresas en beneficios interesadas en deducciones fiscales) que apoyen nuestro proyecto. Hago hincapié en este punto, pues muchos de los nuevos jugadores en este campo no cuentan con la presencia y reputación suficientes para captar a los grandes mecenas que actúan en España. Por ello, muchos proyectos se quedan sin financiar a final de año. Es muy relevante asegurarnos de que elegimos una entidad que nos asegure que el *tax lease* se va a realizar, es decir, que tiene una cartera de inversores lo suficientemente amplia como para cubrir las necesidades de todas las empresas de I+D que lo hayan contratado. En este sentido, y tras haber trabajado con Kaudal varias veces, he de decir que cuentan con la cartera de inversores para realizar estructuras de mecenazgo tecnológico más amplia de España y por tanto su nivel de cobertura de operaciones ha sido, hasta ahora, del 100 %. Probablemente el hecho de ser los primeros en comenzar con estas estructuras haya contribuido a posicionarlos como líderes en este momento. Hasta finales de 2020, Kaudal ha ayudado a financiar más de 150 proyectos por más de 200 millones de euros.

El siguiente paso es constituir una agrupación de interés económico (AIE) que firme con la empresa investigadora un contrato por el cual le encarga el proyecto que tenía pensado ejecutar. También la AIE recibe como primer contrato una licencia de uso del conocimiento científico necesario para realizar ese proyecto. Esta operativa queda perfectamente recogida y admitida en la consulta vinculante con la Dirección General de Tributos.

Una vez constituida la AIE, se captan posibles inversores que tengan interés en invertir en ese proyecto concreto, y los mecenas invertirán a través de la AIE con cantidades concretas y un retorno concreto ya calculado por adelantado.

A modo de resumen:

- El inversor se suma a una agrupación de interés económico (AIE) que promueve la realización de un proyecto de I+D+i y establece un contrato de prestación de servicios con la entidad investigadora.
- Es una financiación no dilutiva.
- La liquidez se obtiene al finalizar cada año, es decir, es posterior a la ejecución anual del proyecto. En un proyecto anual que

empiece en enero y finalice en diciembre, la financiación entraría, como tarde, en marzo del año siguiente.

- La propiedad intelectual está protegida durante todo el proceso y retorna a la empresa cuando la estructura se deshace.
- Una vez ejecutado el proyecto (y pasado 1 año o los 2 años del proyecto que hemos definido), la AIE es adquirida por la empresa de I+D por valor de 1 euro, retornando a la compañía la propiedad intelectual generada por el proyecto que se cedió al inicio. Esto queda perfectamente recogido en los contratos que se firman, por lo que no hay que tener miedo a perder ningún tipo de control sobre la IP del proyecto.

Fuente: Kaudal.

Hitos:

- Evaluación: estudio de la elegibilidad del proyecto por su calificación tecnológica y coherencia de gasto.
- Certificación: el proyecto debe obtener un sello de I+D+i certificado por una entidad ENAC.
- Firma: obtenido el certificado *ex ante*, se formaliza la relación contractual con la AIE.
- Retorno: la empresa de I+D+i obtiene la liquidez una vez finalizado el proyecto. En proyectos de I+D, es un 25 % del gasto certificado y, en proyectos de IT, un 12 %. Pero no hemos de olvidar que la venta del proyecto de I+D a la AIE es por el coste del proyecto más un margen (la empresa de I+D vende el proyecto a la AIE por un valor de mercado, que será el coste más un margen razonable). Eso quiere decir que, a efectos prácticos, el dinero que entrará en la empresa será aproximadamente el 30 % del gasto en proyectos de I+D y el 17 % en proyectos de IT.

Beneficios para la empresa de I+D+i:

- Financiación no dilutiva: agiliza la I+D+i sin deuda y proporciona una autonomía de gestión sin alterar la estructura de capital.
- Retorno económico a corto plazo: se monetizan las deducciones fiscales anualmente.
- Aportación de mayor solvencia económica a la empresa investigadora.
- Tramitación sencilla y sin costes: las estructuradoras no cobran a la empresa de I+D, cobran a los inversores.
- Aumenta el atractivo para la entrada de inversión adicional en el ecosistema de la I+D+i.

Una misma empresa puede presentar varios proyectos de *tax lease* el mismo año, solo debe tener en cuenta:

- Han de ser proyectos diferentes que puedan ser calificados como I+D por una entidad certificadora.
- No han de estar subvencionados o financiados por una ayuda pública.
- El presupuesto de cada proyecto debe tener un margen razonable que no exceda el 15 % del coste real del proyecto.
- El dinero lo tendremos *a posteriori* de forma anual, es decir, no podemos contar con ello por anticipado. Es una forma de ayudar a financiar la compañía, pero para el primer año hemos de tener otra forma alternativa de financiación.

¿Cansados de tanto número y concepto financiero nuevo? Espero que no se haga muy cuesta arriba entender todo lo expuesto. El capítulo de cómo financiar la empresa es muy relevante para los nuevos emprendedores. La mayor parte de las empresas de I+D españolas fracasan por falta de recursos financieros en un momento dado. En la mayoría de los casos, no llegaremos a saber si el proyecto podría haber tenido éxito o no. La falta de recursos impide evaluar la validez y la bondad de muchísimas tecnologías y productos que han sido desarrollados por pymes a lo largo de los años. Es por ello que he querido dedicar una parte importante de este libro a hacer un repaso de todas las fuentes de financiación que podemos tener, con sus ventajas e inconvenientes, para que el emprendedor tenga a su alcance el máximo número de herramientas con el objetivo de poder cubrir esta faceta tan importante con la máxima probabilidad de éxito.

5. ¿CÓMO PRESENTO MI PROYECTO PARA CONSEGUIR FINANCIACIÓN PRIVADA?

Objetivo: estructurar una presentación y elegir un interlocutor con los inversores que incremente la probabilidad de éxito en la captación de recursos.

Ya tenemos claro que necesitamos 1 millón de euros y que la valoración *pre-money* de nuestra compañía, es decir, la valoración antes de que se realice la ampliación de capital objetivo, antes de que entre dinero nuevo es de 3 millones de euros. Con este dinero, cubriremos las necesidades de fondos de los próximos 2 años y con ello conseguiremos realizar un ensayo clínico con una CRO para validar un kit de diagnóstico basado en marcadores epigenéticos de una enfermedad relevante. ¿Y ahora qué hacemos?

Antes de avanzar, vamos a detenernos a analizar de dónde podemos sacar ese millón y si tenemos que buscar inversores por la totalidad del dinero. Como la cantidad corresponde a 2 años, lo primero es analizar cuánto necesitamos cada año. Es decir, dependiendo del momento en que necesitemos esa caja, podremos optar o no por una u otra alternativa de financiación. Simplificando: supongamos que cada año necesitamos medio millón. Lo primero que vamos a ver es cuánto podemos conseguir vía *tax lease* o mecenazgo tecnológico, pues es la forma menos dilutiva y más barata sobre la mesa para obtener fondos. No haría falta vender a nadie parte de la empresa para conseguirlo y, si vamos a hacer I+D y buscamos una estructuradora, conseguiremos el dinero. Una ayuda pública relevante suele ser competitiva, por lo que, aunque nos presentemos y realicemos todo correctamente, podríamos no obtenerla.

Según el capítulo anterior, obtendremos aproximadamente el 30 % de los gastos asociados al proyecto de I+D que realice, es decir, conseguiremos 300 000 euros vía *tax lease*. Genial, ahora solo necesitamos buscar los restantes 700 000 euros. El problema es que los 300 000 euros los conseguimos a gasto realizado, es decir, los 150 000 del primer año entran en caja alrededor de febrero o marzo del segundo año. Como hemos dicho, este dinero es una gran ayuda, pero no soluciona el corto plazo. Facilita la situación, pues no tenemos que buscar el millón y no nos diluiremos tanto, pero para poder empezar tenemos que encontrar el capital restante. En segundo lugar, vamos a analizar si podemos captar algo a través de ayudas públicas. Si contratamos doctores y conseguimos ayudas a dichas contrataciones (subvenciones a la contratación de doctores, como las ayudas Torres Quevedo en España), pidámoslas. Vamos a suponer que conseguimos que financien 75 000 euros durante esos 2 años por contratar a dos doctores. Eso quiere decir que 150 000 euros provendrán de estas ayudas.

Es interesante que analicemos si existe en España o en la Unión Europea alguna ayuda tipo subvención cuya temática encaje con lo que queremos hacer. Si es así, intentemos conseguirla. De nuevo, son fondos no dilutivos, así que genial. Pero cuidado: si son préstamos blandos, endeudar una compañía de investigación desde un momento muy temprano puede hipotecar su futuro (aunque sea una deuda «blanda» con buenas condiciones financieras). En definitiva, deuda significa compromiso de pago en un momento dado y, si desarrollamos algo totalmente nuevo y con riesgo (que puede funcionar o no), no tenemos ni idea de si, llegado el momento de realizar los pagos, contaremos con liquidez.

> Se debe ser muy cauto a la hora de endeudarse, incluso con préstamos blandos concedidos por organismos públicos. Deuda es deuda, hay que devolverla.

No hemos visto muchos programas con subvenciones a los que podamos presentarnos y, de momento y mientras podamos optar por otras alternativas, no vamos a endeudarnos. Así que necesitamos buscar inversores que aporten 550 000 euros a la compañía.

- Necesidad de fondos en 2 años: 1 000 000 euros.
- Captación vía *tax lease*: 300 000 euros para los 2 años.
- Subvenciones a la contratación de doctores: 150 000 euros para los 2 años (dos doctores).
- Inversión privada necesaria: 550 000 euros.

De momento, hemos conseguido bajar la cantidad de recursos que captar de inversores privados de 1 000 000 euros a 550 000 euros. Eso quiere decir que, si la valoración *pre-money* de mi empresa era de 3 000 000 euros, si hubiera tenido que captar 1 millón de euros de inversores privados, habría tenido que vender el 25 % de mi empresa a cambio de ese millón.

- Valoración *pre-money*: 3 000 000 euros.
- Ampliación de capital: 1 000 000 euros.
- Valoración *post-money*: 3 000 000 euros + 1 000 000 euros = 4 000 000 euros.

Los inversores que han puesto el millón obtienen el 25 % de la compañía tras la ampliación, pues 1 000 000 es el 25 % de la valoración *post-money* de la compañía (1 millón es el 25 % de 4 millones), esto es, la valoración tras la ampliación de capital, que incorpora a la valoración inicial el dinero que se ha aportado en la ampliación. En cambio, si solo buscamos 550 000 euros, porque el resto lo hemos obtenido por vías no dilutivas, los cálculos serían:

- Valoración *pre-money*: 3 000 000 euros.
- Ampliación de capital: 550 000 euros.
- Valoración *post-money*: 3 000 000 euros + 550 000 euros = 3 550 000 euros.

Los inversores que han puesto los 550 000 euros obtienen el 15.5 % de la compañía tras la ampliación, pues los 550 000 euros constituyen el 15.5 % de la valoración *post-money*. Vamos a poder mantener mayor porcentaje de nuestra empresa, por lo menos en esta primera ampliación de capital. Como vemos, buscar formas alternativas de financiación que no impliquen dilución ni deuda es una forma «muy sana» de financiarnos.

Y ahora nos queda buscar inversores que pongan dinero a esta valoración. ¿Pero cómo? Aquí no existe una ciencia exacta o una fórmula mágica que atraiga inversores. Muchas variables influyen en el éxito de esta actividad, y obviamente una de ellas es la calidad del proyecto de empresa y lo atractivo que sea. Pero no solo eso es importante. Hay muchos proyectos muy interesantes y atractivos que, bien porque los promotores no han sabido explicarlos, bien porque no se ha sabido dar con los inversores adecuados, finalmente no obtienen la financiación deseada.

1. Contratación de expertos en la captación de inversores

Si no tenemos una red de contactos con potencial e interés en invertir, necesitamos contratar a alguien que nos ayude. Si vamos por la opción del *crowdfunding*, necesitaremos buscar una compañía que tenga una buena plataforma *online* con capacidad para llegar a un gran número de potenciales inversores. Si, por el contrario, vamos a buscar inversores «al uso», hay muchas consultoras, pequeñas *boutiques* financieras o incluso asesores *freelance* que nos pueden ayudar. No hace falta buscar grandes firmas que cobren millonadas, aunque tampoco suelen aceptar pequeños proyectos. Para una empresa joven o que, aunque exista hace tiempo, siga teniendo una dimensión reducida, lo ideal es buscar una entidad especializada en nuestro sector, que haya hecho este tipo de ampliaciones con anterioridad (y con éxito) y que nos pueda dedicar tiempo y esfuerzo. Debemos convertirnos en un cliente al que prestar atención, y eso no es factible con empresas demasiado «potentes».

2. La presentación: *teaser* y presentación completa

La presentación que hagamos es fundamental para captar la atención y el interés de los potenciales inversores. Como ya hemos dicho anteriormente, vamos a necesitar dos tipos de presentaciones.

Teaser

Pequeño resumen, muy sintético, de lo que hace la empresa, cuál es su propuesta de valor, qué cuantía de dinero está buscando y para qué. Este tipo de documentos se utilizan para captar la atención del inversor en un primer contacto. Es decir, no se pretende que nadie presente este documento, sino que se envía como introducción para captar interés, pedir que nos reciban y después hacer una presentación más completa y una venta más directa.

El *teaser* debe incluir dos páginas a lo sumo, una o dos diapositivas con el contenido muy sintetizado. No se trata de meter toneladas de información apilada, con un tamaño de letra enano que no haya quien lea. La «gracia» del *teaser* es hacer algo ligero que se pueda leer incluso en diagonal, pero que capte la atención del lector. Debe tener un cierto atractivo a la vista y, desde luego, no tiene que dar pereza su lectura. Si hacemos algo muy denso, con letra muy pequeña y nada visual, le restamos atractivo a nuestra compañía.

Es un ejercicio de síntesis: conseguir decir en pocas palabras lo esencial de lo que hacemos, del valor que la compañía va a generar (tanto económico como en otros campos), de lo que estamos buscando (cuantía de la ampliación) y del uso que le vamos a dar al dinero captado. Si hacemos un buen *teaser*, conseguiremos que el inversor demande una reunión con una presentación extensa; habremos captado su interés.

Captar interés es un magnífico paso adelante, siempre que el inversor tenga claro qué es lo que queremos y hacemos; una reunión presencial con una expectativa que no tenga nada que ver con lo que buscamos solo genera en nosotros y en el inversor frustración y pérdida de tiempo y esfuerzo. El *teaser* tiene que ser claro y no dar lugar a malos entendidos.

Presentación completa

El segundo documento que tenemos que preparar es una presentación completa para potenciales inversores. Aquí, a su vez, puede haber dos versiones. Si hablamos de un documento que solo enviaremos por *e-mail* porque no tenemos opción de presentarlo nosotros (el inversor no quiere vernos, solo quiere un documento completo que leerse...), la presentación debe ser precisa y profunda, y contar todo aquello que nosotros queremos transmitir a nuestro interlocutor.

Aun así, el documento debe estar estructurado, tener un lenguaje que el lector comprenda, ser visualmente atractivo y contener todos los mensajes importantes que queramos dar. En el caso de un documento completo, podemos extendernos y desarrollar nuestro plan de empresa con una cierta profundidad.

Pero esta no es la mejor opción. Siempre es más positivo poder vender nuestro proyecto en una reunión presencial o, en la actualidad, mediante una videollamada. Por ello, siempre que podamos, debemos intentar que nos reciban y ser nosotros quienes expongamos la presentación. En este caso, no hace falta meter tanto texto en las diapositivas, ya que las explicaciones en detalle las daremos nosotros de palabra. Pero obviamente tiene que seguir siendo un documento estructurado, con un lenguaje comprensible para una persona no experta en esa tecnología, además de atractivo y, por supuesto, conteniendo los mensajes que queremos transmitir.

En este sentido, la presentación ha de contener:

- **Quiénes somos.** Quién es la empresa, cuándo y para qué se fundó. Debemos plantearnos qué imagen queremos dar de nuestra empresa, cómo nos definimos y qué hacemos.

Somos una spin-off *del Instituto de Química Médica del CSIC, fundada en el año 2020 con el objetivo de desarrollar fármacos con mecanismos de acción innovadores para tratar enfermedades neurodegenerativas.*

- **Misión.** Cuál es la misión de la empresa, es decir, a medio y largo plazo, cómo queremos posicionarnos.

  Nuestra misión es proveer de soluciones nuevas y eficaces a la sociedad para tratar enfermedades de alta prevalencia asociadas a la edad en el campo neurodegenerativo.
- **Mercado.** Cuál es la necesidad que queremos abordar y en qué mercado, así como la dimensión de dicho mercado.

  Para empezar, nos hemos centrado en la enfermedad de Alzheimer. El alzhéimer es una enfermedad cuya incidencia crece exponencialmente con la edad a partir de los 65 años. Actualmente no hay tratamiento que detenga la neurodegeneración, solo existen tratamientos paliativos que...

  Aquí dedicaríamos una diapositiva a la dimensión del mercado objetivo, especialmente en las zonas geográficas más relevantes (Norteamérica, Europa, Japón..., es decir, países envejecidos con alto poder adquisitivo, nuestro mercado objetivo). Expondríamos el gasto actual que supone para los sistemas sanitarios esta enfermedad, tanto en cuidados como en fármacos, y cualquier tipo de complicación que suponga la dolencia y que conlleve un gasto sanitario y social. En este caso concreto, explicaríamos la carencia de fármacos que «curen» o detengan la enfermedad y, por tanto, la necesidad de desarrollar alguna solución que mejore el pronóstico de los enfermos.
- **Descripción.** Descripción de nuestra propuesta, donde dedicaremos unas cuantas diapositivas a explicar qué estamos desarrollando, qué tipo de fármaco es, qué mecanismo de acción tiene, por qué creemos que tiene potencial... Debemos listar los datos de nuestro proyecto, los experimentos que hemos hecho y los resultados obtenidos. Pero hemos de ser conscientes de que, en un porcentaje muy alto de los casos, nuestro interlocutor no va a ser un experto en el tema. Por lo tanto, si ponemos gráficos, explicaciones o cuadros muy técnicos, corremos el riesgo de que el interlocutor no se entere, desconecte y no captemos su interés. La idea es explicar lo que hacemos de manera divulgativa.

Imaginemos que tenemos que dar una clase a un alumnado de la ESO, de cuarto de la ESO, por ejemplo. Hablaríamos con propiedad, pero sin entrar en muchos tecnicismos y detalles complejos, pues la audiencia no los entendería. Así es como debemos actuar, simplificando nuestra presentación de tal forma que un oyente que no sepa más ciencia que la que recuerde del instituto pueda hacerse una idea de lo que le estamos contando.

Muchas veces, las fotos pueden ayudar. Por ejemplo, mostrar una tinción llena de algo que no queremos y luego el mismo tipo de tejido donde se vea que ya no está es una forma visual eficaz de enseñar el efecto de nuestro fármaco. Si metemos gráficas, estas deben ser sencillas de interpretar y, si no lo son, debemos ser capaces de explicarlas de forma simple.

Esto no siempre es fácil, pero un inversor que se aburre con lo que le contamos es más difícil de conquistar que un inversor al que conseguimos enganchar con una explicación que comprenda y le guste. A casi todo el mundo le gusta aprender, sobre todo si hablamos de temas técnicos o de salud. Si conseguimos llevar nuestra exposición a un nivel donde el interlocutor comprenda un tema del que no tenía ni idea hasta ese momento, habremos conseguido que nos escuche con atención y que tenga interés en lo que le estamos contando. Y eso es un gran paso.

En la exposición, hemos de explicar el racional de nuestra aproximación: por qué creemos que nuestra solución tiene opciones reales de funcionar. Cuanto más convincentes seamos en este punto, más éxito tendremos en nuestro objetivo: convencer de la inversión.

- **Datos.** Una vez que hemos contado qué hacemos y qué tenemos, expongamos cómo lo hemos protegido: patente concedida, o presentada, fecha de prioridad, dónde la hemos presentado... Si no tenemos patente, cualquier dato que podamos dar para convencer de que hay cierta protección en lo que estamos haciendo es crucial, pues nadie quiere invertir en algo que cualquiera puede copiar.
- **Competencia.** Incluyamos una diapositiva con lo que hace la competencia. En nuestro caso del alzhéimer, no se trata de hablar de los fármacos que hay ahora mismo en el mercado, que no curan la enfermedad, sino de las empresas y fármacos que están ahora

mismo en desarrollo. Elijamos los más relevantes, que estén en fases más avanzadas, o los que creamos que tienen opciones de funcionar. Es decir, expongamos una visión de lo que están haciendo los demás. Esto demostrará que conocemos el sector, lo que hacen los demás, las opciones que tienen estos potenciales competidores y cómo nos posicionaríamos nosotros respecto a ellos si tuviéramos éxito.

- **Plan de desarrollo.** Lo siguiente sería exponer qué es lo que queremos hacer durante los próximos 2 años, cuál es nuestro plan de desarrollo para alcanzar el siguiente hito de valor, por ejemplo, la entrada en clínica. Expongamos con detalle, pero sin entrar en tecnicismos que no se entiendan, en qué vamos a utilizar el dinero que pedimos.
- **Equipo.** No hemos de olvidar hacer mención del equipo, por lo menos de las personas más relevantes. A la postre, una gran parte del éxito de este tipo de empresas se apoya en el equipo que la desarrolla. Dediquemos una diapositiva a hacer una breve descripción de las personas clave del equipo, resaltando aquello que consideremos más interesante para «vender» la idoneidad de ciertas personas y de su función en la empresa. Como hemos dicho, el equipo es fundamental, y los inversores lo saben. Debemos convencerlos de que tenemos el mejor equipo para lograr nuestro fin.
- **Números.** Para el final dejamos los temas más numéricos, cuando ya estén emocionados con nuestra solución al problema. En nuestro ejemplo, todo el mundo se hace una idea de lo interesante que es el mercado del alzhéimer, además de que casi todos conocemos a alguien o tenemos un familiar que lo padece o lo ha sufrido. Ahora toca mostrar nuestras proyecciones de flujos, de forma resumida, para que se vea lo atractivo del proyecto desde un punto de vista económico. En este sentido, si vamos a ver a inversores profesionales, estas diapositivas deberán elaborarlas los asesores. Podremos colaborar en su elaboración, pero probablemente sean más efectivos a la hora de saber lo que conviene enseñar al inversor en una proyección de ingresos y gastos.
- **Inversión.** Tras mostrar nuestras proyecciones, iremos al grano. Debemos exponer claramente qué dinero buscamos y qué período de tiempo cubre. Si además tenemos financiación adicional

captada (*tax lease* o subvenciones, por ejemplo), debemos mencionarlo, ya que nuestra compañía necesita 1 millón de euros y, si solo captamos 550 000 euros, debemos explicar de dónde saldrá el resto.

Si vamos de la mano de un asesor o profesional que está convencido de la valoración que estamos defendiendo, lo lógico es incluir en la presentación la valoración a la que queremos colocar la ampliación. Lo que ocurre en muchas ocasiones, sobre todo en las primeras reuniones, es que no queremos generar rechazo por un tema de valoración en potenciales inversores. Como ya comentamos, valorar una empresa, máxime de reciente creación, no es una ciencia exacta. No hay una fórmula que aplicar y cuyo resultado sea inamovible. La prioridad es captar financiación, por lo que en muchas ocasiones tendremos que ser más flexibles en la valoración de lo que nos gustaría. Por ello, mi recomendación es poner siempre un rango de valoración, no una cantidad concreta. Es decir, hablar de una valoración entre 2 y 4 millones, sabiendo que el objetivo es 3, pero sin cerrar el dato. Es más, en mi experiencia, es mejor no poner dicho dato en la presentación y comentarlo de palabra para que el inversor tome nota de lo que le estamos contando.

La situación es completamente diferente si hablamos de una empresa con cierto grado de madurez y con capacidad para defender una valoración basada en datos o en cierto grado de certeza, tanto desde el punto de vista técnico como financiero. En este caso, podemos ser mucho más contundentes en la comunicación de nuestra valoración.

- **Salidas.** Expongamos cuál es la salida que vemos para los inversores; no olvidemos que aquí todo el mundo entra para ganar dinero. Los inversores asumen el riesgo del proyecto, pero quieren tener en mente un marco temporal donde «desinvertir», no solo para recuperar el dinero invertido, sino para generar plusvalía. Algunas salidas posibles son: la venta de la compañía a otra más grande, como una farmacéutica; la salida a bolsa, donde el accionista tendría la libertad de vender y de salirse de la inversión; la recuperación de la inversión más los beneficios en forma de dividendos... Busquemos ejemplos de éxito de otras compañías que puedan tener cierto paralelismo con la nuestra y mostremos cómo salieron los inversores y qué plusvalía generaron. Las expectativas de ganancia son el caramelo que conviene enseñar para conseguir convencer.

- **Longitud.** Por último, es recomendable no hacer la presentación demasiado extensa. La presentación no ha de durar más de una hora. Si se extiende porque el inversor interrumpe con muchas preguntas, genial. Pero lo ideal son presentaciones que, como mucho, duren 60 minutos. Si el tiempo que nos dan es inferior y debemos resumirla, deberemos tener claras las diapositivas clave y saltarnos las demás. Si un inversor dedica menos de 30 minutos, será una tarea difícil y tendremos que intentar conseguir más tiempo. En muchos congresos, el tiempo que se tiene para hacer una presentación es de 15 minutos, pero en este caso estaríamos ante algo más parecido a un *teaser*, pero en formato oral.

  Para estas situaciones, debemos tener una versión de la presentación resumida que pueda realizarse en ese tiempo. Hemos de focalizarnos en los temas más relevantes, entre los que destacan quiénes somos, qué hacemos, por qué es interesante lo que hacemos, cuánto dinero necesitamos y qué vamos a hacer con ese dinero. Si respondemos a estas cuestiones de forma clara y atractiva, la presentación será un éxito. Puede ser más larga o corta, es decir, con más detalles o con menos, en función del tiempo del que dispongamos.

  Aunque en España es muy poco habitual, en algunos países nos podemos encontrar con que el inversor o interlocutor es un experto en la materia. Puede ser incluso un científico que sepa muchísimo del tema que le vamos a exponer. De ser así, obviamente podemos entrar al detalle científico que consideremos con el lenguaje apropiado para ello. Pero esto no es lo habitual, por lo que, cuando se dé el caso, siempre podemos decir que mandaremos más información técnica (o detalle de resultados) *a posteriori*.
- **Responsabilidad legal.** No olvidemos incluir en la primera diapositiva o en la última un *disclaimer* legal por el que ninguno de los datos o información compartida genere cualquier tipo de responsabilidad legal que pueda dañarnos. Lo mejor es que este párrafo lo redacte un abogado o copiarlo de algún párrafo estándar de alguna presentación pública de otra empresa que haga algo similar a nosotros (por ejemplo, desarrollar un fármaco).

- **Acuerdo de confidencialidad.** Si vamos a dar muchos datos confidenciales o delicados de lo que estamos haciendo, debemos firmar un acuerdo de confidencialidad antes de exponerlos a un tercero. Desde luego, en una primera presentación o reunión con un inversor, no suele ser lo normal. Muchas veces tenemos dos versiones de la presentación extensa, una no confidencial y otra confidencial. La una difiere de la otra en que cuenta con más detalles y datos que le dan ese carácter de confidencial. Pero no idealicemos la firma de un acuerdo de confidencialidad (CDA, por sus siglas en inglés). Lo realmente «delicado», confidencial o no suficientemente protegido, no lo contemos en detalle. Un inversor tampoco necesita conocer al detalle la parte técnica de lo que estamos haciendo. Vendamos nuestro proyecto lo mejor que podamos, pero sin desvelar cosas que puedan perjudicarnos si caen en manos de alguien que quiera competir con nosotros.

Elección del interlocutor con los inversores

¿Quién hará la presentación? Buena pregunta. Lo mejor es que la presente el líder del proyecto/empresa. Es decir, el director general o CEO. A los inversores les gusta ver cómo es y qué transmite la persona que va a ser la encargada de ejecutar o tutelar lo que les están vendiendo. Cómo sea esta persona, cómo conecte, la energía que transmita, cómo se exprese... son variables fundamentales. No hemos de olvidar que estamos vendiendo, igual que el que vende un coche. No vendemos un objeto tangible que el comprador se vaya a llevar a su casa, pero vendemos una idea; queremos que alguien nos dé su dinero para ejecutar una idea con éxito. Si lo hacemos bien, ese dinero crecerá y le devolveremos mucho más de lo que nos ha dado, pero, si lo hacemos mal, lo perderá. Pongámonos en la piel de esa persona.

¿Qué valoramos nosotros para darle dinero a alguien a cambio de algo? Lo primero, sinceridad y credibilidad. Si parece que el vendedor de coches nos está contando un cuento, no lo vamos a comprar. Lo segundo que buscamos es que el coche funcione bien. Tenemos que transmitir seguridad en lo que contamos y mostrar nuestro convencimiento de que el proyecto tiene muchas probabilidades de funcionar. Y, por último, que se entienda lo que nos cuentan. Si nos dicen todos los detalles técnicos del motor sin que seamos capaces de comprenderlos, nos aburriremos y perderemos el interés. Lo ideal es que el líder tenga capacidad de comunicación, se exprese de forma concisa y adecuada, sea empático con su interlocutor, no sea tímido, conozca en profundidad el tema que está exponiendo, tenga cierta capacidad pedagógica para transmitir su idea...; en fin, que sea un excelente comunicador.

Pero no siempre, sobre todo en empresas pequeñas, el CEO o el líder tiene estas cualidades. Por supuesto, muchas de estas características se pueden entrenar asistiendo a cursos que nos ayuden a desarrollarlas, pero esto lleva su tiempo, y es cierto que hay personalidades que tardarán más en interiorizar este tipo de cualidades. Lo que más valora un inversor es percibir que la persona cree de verdad lo que está contando, conoce el tema en profundidad y sabe lo que tiene que hacer para alcanzar el siguiente escalón. Incluso si no somos buenos comunicadores, si transmitimos credibilidad y conocimiento de lo que hacemos y a dónde queremos ir, podremos convencer.

Es buena idea que dos personas del equipo vayan a las presentaciones. Depender solo de una persona es un riesgo para la empresa y para el inversor. Mostrar que hay un equipo, que hay dos personas compenetradas para exponer a un inversor el proyecto, es una buena aproximación. Si, además, esas dos personas se complementan, por ejemplo, uno con la visión más financiera y otro con la visión más científica, suele ser una buena fórmula para que el inversor tenga una visión completa de la inversión.

Si no somos buenos comunicadores, pero somos el alma científica de la empresa, intentemos buscar a alguien con visión financiera que comunique mejor y nos ayude en las presentaciones. Esta persona puede ser el director financiero, un director de desarrollo de negocio o el propio asesor contratado con el mandato de buscar inversores para esta ampliación de capital. Esta figura puede ser de gran ayuda si conseguimos que se implique y que tenga una buena visión y conocimiento de lo que hacemos o queremos hacer.

Pero siempre la piedra angular en la presentación ha de ser la persona que va a liderar el proyecto. Si nosotros no lo somos, si, aunque seamos los padres de la idea, no tenemos capacidad para liderar la empresa, busquemos a alguien que la tenga. No nos empeñemos en ser lo que no somos. Muchos científicos que tienen ideas brillantes y crean una empresa en torno a ellas estropean su potencial porque se empeñan en ser lo que no son.

Una cosa es ser accionista de nuestra empresa y tener el control o la propiedad, y otra ser el director general o CEO. En ocasiones, ambas figuras convergen, pero otras veces no es así. Y no pasa nada. Una empresa de éxito debe tener las personas adecuadas en los puestos adecuados. El líder es fundamental y, si nos equivocamos en la elección, tenemos muchas probabilidades de que la empresa no consiga su objetivo. No dejemos que nuestro ego boicotee nuestro proyecto. Posicionémonos dentro de nuestra empresa en el lugar para el que estemos capacitados y, si no lo estamos para ser el director general de la misma, seamos humildes y dejemos el hueco para alguien que lo esté.

Quizá toque volver a una de las primeras preguntas: ¿qué es para mí crear una empresa de éxito? En función de nuestra respuesta, podré o no dar un paso a un lado y elegir a la persona más adecuada para dirigirla.

Comunicar de forma adecuada y elegir el interlocutor apropiado son elementos cruciales para «convencer» a los inversores de la bondad de nuestro proyecto. Obviamente, la solidez del proyecto es un elemento clave, pero no será ni la primera ni la última vez que un buen proyecto no encuentre financiación privada por no haber sabido enfocarlo y presentarlo. Todos conocemos proyectos muy mediocres que consiguen la financiación que buscan porque tanto el interlocutor como la documentación soporte son extremadamente convincentes con los inversores. Menospreciar estos aspectos puede ser un elemento que impida conseguir nuestros objetivos. Si no sabemos cómo manejar la comunicación con los inversores, dejemos que otras personas con más experiencia y cualidades en esta área nos ayuden y lideren.

6. ¿PODRÍAMOS SALIR A BOLSA?

Objetivo: analizar los objetivos para salir a bolsa y las ventajas e inconvenientes de esta opción.

Muchas empresas tecnológicas de un tamaño reducido dan el paso de salir a bolsa. ¿Tendría sentido planteárnoslo nada más fundar la compañía? La respuesta es que, en general, no. No tiene sentido que una compañía de reciente creación y tamaño reducido salga a cotizar a un mercado de capitales. Pero eso no quiere decir que en el futuro no lo tenga. Dependerá de cómo vaya nuestro proyecto, de las necesidades financieras que tengamos y de las expectativas de futuro. Vamos a detenernos unos minutos para explicar qué es la bolsa y qué tipo de mercados hay.

1. Los mercados de capitales: concepto e historia

El mercado de capitales es un tipo de mercado financiero donde se realiza la compraventa de títulos de valor, como acciones, obligaciones y títulos de deuda. El mercado de capitales otorga a cualquier inversor la posibilidad de participar como socio proporcionalmente en el capital de una empresa, al igual que proporciona a las empresas la posibilidad de que cualquier inversor pueda aportar dinero y financiarla. Digamos que es un mercado que pone en contacto a las empresas que buscan dinero con cualquier ciudadano que desee invertir. Lo que habitualmente llamamos «la bolsa» es un mercado de valores donde habitualmente lo que se transacciona son acciones de las compañías que cotizan.

Aquí ya no hablamos de inversores expertos o cualificados; cualquiera puede dar una orden a su banco y comprar acciones de una compañía que esté cotizando. Por ello, para evitar que las empresas engañen u oculten información relevante a los inversores, la bolsa es lo que se denomina un «mercado regulado», es decir, existe un órgano regulador que se encarga de poner requisitos para cotizar, que establece una serie de normas que las empresas han de cumplir, que define qué tipo de información y cuándo ha de comunicarse y que regula lo que las empresas y los inversores pueden hacer en este «juego» de compraventa. Dicho en otras palabras, el órgano regulador tutela y vigila que el mercado funcione de forma honesta y transparente tanto para las empresas como para los inversores.

El motivo por el que históricamente surgen este tipo de mercados es, fundamentalmente, para que las empresas puedan conseguir dinero. La primera bolsa surgió en 1602 en Ámsterdam, fundada por la Compañía Holandesa de las Indias Orientales, y su objetivo fue recaudar fondos para financiar su expansión. A partir de ahí, la bolsa fue popularizándose como forma de captar dinero para desarrollar negocios y nacieron las bolsas de Nueva York (1792), París (1794), Tokio (1878) y Madrid (1831). Son mercados públicos donde la empresa se da a conocer a todo el mundo y, por tanto, puede captar la atención de cualquiera para financiarse. Además, no hace falta convencer a nadie para que invierta mucho dinero. Con que muchos inviertan un poquito, funciona. Evidentemente, la idea gustó y ha llegado hasta nuestros días.

La bolsa es un mercado transparente donde los precios de las acciones se generan como consecuencia de la oferta y la demanda. Aquí es donde podemos apreciar claramente que el precio de las empresas está en función de lo que los demás quieran pagar por ellas. Mucha demanda, precios altos; poca demanda, precios bajos. Desde sus inicios, las bolsas han cambiado mucho. Al principio, las acciones se negociaban físicamente en «corros» donde la gente compraba y vendía físicamente los títulos. Todos tenemos en mente alguna imagen de película donde se ve a los *brokers* gritando en una sala, vendiendo y comprando. Hoy en día, esto ya no ocurre. Si alguien hace una visita a la Bolsa de Madrid, verá que la sala donde habitualmente se negociaba está vacía y todo se hace mediante un sistema electrónico. Las salas están sin gente, no hay ruido, y la oferta y la demanda de los valores se cruzan de forma electrónica.

Las bolsas principales de cada país fueron evolucionando, pero fueron las grandes empresas las que utilizaron este medio para conseguir financiación. Por un lado, las empresas de cierta dimensión resultaban atractivas para los inversores por su capacidad de generar dividendos. Por otro, la cantidad de información y de requisitos que había que cumplir para entrar en estos mercados hacía que solo las grandes compañías tuvieran la posibilidad de acceder. Sin embargo, en los últimos años se han creado otras bolsas enfocadas a empresas más pequeñas, pero con mucho potencial de crecimiento. Con la revolución tecnológica en todos los campos, empezaron a surgir, especialmente en Reino Unido y en Estados Unidos, compañías pequeñas con una enorme capacidad de crecimiento a futuro. Estas empresas necesitaban financiación, pero su perfil distaba mucho del de las grandes corporaciones que cotizaban en las bolsas tradicionales. Para dar respuesta a la necesidad de financiación de este tipo de compañías, y para que el público general tuviera la opción de participar en su potencial éxito y crecimiento, muchos países crearon los denominados «mercados alternativos bursátiles».

Estos mercados tienen ciertas diferencias con los mercados principales o tradicionales, con el objetivo de facilitar el acceso a los mismos por parte de sociedades de menor dimensión.

Por un lado, los requisitos para salir a cotizar en estos mercados son más reducidos. No hace falta estar en beneficio, se puede ser una empresa pequeña y la documentación exigida para entrar a cotizar es más accesible. Además, el reporte es más reducido y de menor frecuencia. En este tipo de bolsas encontramos el AIM (Alternative Investment Market) en Londres, Euronext en París o el MAB (Mercado Alternativo Bursátil) en Madrid. El NASDAQ es un mercado tecnológico de Nueva York (USA) donde cotizan empresas tecnológicas y de rápido crecimiento. Sin embargo, no debemos confundirlas con los mercados alternativos europeos, pues los requisitos para entrar son bastante importantes y el nivel de regulación no tiene nada que envidiar a los mercados bursátiles tradicionales, ni en complejidad ni en cantidad de información que reportar.

Los mercados alternativos tienen la ventaja de facilitar el acceso a bolsa a las empresas de menor dimensión, pero tienen el inconveniente de ser poco líquidos. ¿Qué quiere decir esto? Pues que no hay mucha demanda por parte de los accionistas para transaccionar con las acciones.

Cuando hay mucha gente interesada en comprar y vender una acción, el precio de esta acción se crea como un equilibrio entre las fuerzas de oferta y demanda. Digamos que el mercado está definiendo ese precio como el «justo» para una compañía. Si por el contrario ese juego no se produce, si los interesados en comprar y vender las acciones son pocos, el precio no lo fija el mercado, sino unos pocos. Esto implica que la compañía pueda estar infravalorada o sobrevalorada, pues el mercado en su conjunto no define nada.

Para un inversor no profesional, invertir en bolsa implica que, cuando necesite el dinero, podrá vender las acciones a otro inversor de forma fácil. Puede ser que pierda o gane, porque cuando quiera venderlas valgan más o menos. Pero una ventaja muy importante de invertir en una empresa cotizada es que el inversor puede vender las acciones cuando quiera. Esto es lo que llamamos «liquidez»; es decir, cuanto más líquida sea una acción, más fácil será venderla o comprarla cuando y en la cantidad que deseemos.

Uno de los principales inconvenientes con los que se han encontrado los mercados alternativos es la falta de liquidez. La demanda y oferta de acciones no es tan elevada como en los mercados principales (en España, el Mercado Continuo), por lo que, cuando uno invierte en acciones de empresas cotizadas en estos mercados, puede ocurrir que no consiga venderlas cuando tenga necesidad. Este es el principal motivo por el que muchos inversores no consideran atractivo invertir en estos mercados, pese a su creciente popularidad y dimensión. Los mercados alternativos son buenos para captar dinero en determinadas franjas, pero no lo son tanto para asegurar la liquidez de la acción, es decir, para defender una valoración y la capacidad de los inversores para desinvertir cuando lo deseen.

Tras esta introducción, volvamos al principio del capítulo. Empezamos afirmando que no tiene mucho sentido sacar a cotizar una empresa recién creada y de pequeña dimensión a un mercado. Esto parece contradecir el enfoque y objetivo de los mercados alternativos.

No es así. Para sacar a cotizar una compañía a un mercado alternativo y tener éxito, además de los requisitos concretos que cada mercado tiene y hemos de cumplir, existen otros de carácter conceptual que, de no cumplir, le quitan sentido al esfuerzo de salir a bolsa.

Empecemos por el final de mi anterior frase: «... esfuerzo de salir a bolsa». Sacar una empresa a bolsa supone un esfuerzo económico y de trabajo muy relevante. Necesitaremos ayuda para el proceso, tanto legal como de expertos en distintas áreas. La compañía tiene que estar auditada por auditores registrados. Tendremos que generar muchísima documentación legal en la salida y en el funcionamiento habitual, así como dimensionar la necesidad de asesores legales y financieros (o de personal) para cumplir con todos los requisitos y reportes que la bolsa exige.

La valoración a la que salimos no la ponemos nosotros. Independientemente de lo que considere como valoración adecuada, esta ha de ser soportada por un experto que fundamente de forma robusta la valoración a la que la compañía va a salir. Cuanto mejor esté hecha la valoración, más fácil será que el mercado la «compre». Pero los inversores no se van a creer lo que un experto que paga la empresa dice sobre la misma. Son los analistas bursátiles los que van a estudiar la compañía y publicarán el valor que a ellos les parece que tiene. Obviamente, los analistas interactúan con la empresa para sacar información y poder hacer una valoración teniendo en cuenta la información de la compañía, pero a la postre tienen su opinión y criterio y puede que sus cálculos y percepción de riesgo disten mucho de lo que nosotros pensamos.

Alguien de la empresa debe ser el interlocutor de los analistas, auditores, bancos, asesores, abogados... ¿Cuánto supone todo esto? No tiene mucho sentido que una empresa que se acaba de fundar incluya un equipo con la dimensión necesaria para abordar todas estas actividades de forma profesional.

2. Objetivos para salir a bolsa

Dejemos aparcado el tema administrativo y de generación de información, que ya vemos que es complejo. Centrémonos en los motivos por los cuales una empresa quiere salir a bolsa.

- **Captar fondos.** La mayoría de las empresas que salen a bolsa buscan, en su salida o al poco tiempo, una ampliación de capital para captar dinero con el que financiar su compañía. Este es el principal motivo por el que se creó la bolsa en el pasado y sigue siendo el motor de funcionamiento de estos mercados.
- **Tener una valoración de mercado de la compañía.** Las empresas cotizadas tienen un precio conocido. El valor de la acción multiplicado por el número de acciones que tenga la empresa nos da su precio en todo momento. Ya no hay que discutir si la empresa vale más o menos. El precio está definido. Es cierto que cambia en función de la oferta y demanda y que eso supone que cada día puede valer algo diferente, pero en un momento dado tenemos un precio que es cierto y nos permite asignar valor a las acciones y, por tanto, a la compañía.
- **Visibilidad.** La bolsa es un mercado público y, por tanto, las empresas que cotizan tienen visibilidad. Nuestro nombre aparece en el periódico en la sección de bolsa, en el listado correspondiente al mercado donde cotizamos. La prensa suele tener interés en las noticias de empresas cotizadas, por lo que es mucho más fácil darse a conocer.
- **Prestigio.** Se presupone que una empresa que cotiza no es un chiringuito. Subimos de nivel en imagen y prestigio solo por el hecho de cotizar. Nuestra información está auditada y cumplimos con un montón de requisitos de funcionamiento que nos hace ganar en seriedad de cara a terceros.
- **Los accionistas (fundadores) pueden monetizar sus acciones cuando quieran.** Si la empresa cotiza, podemos vender las acciones o parte de ellas cuando lo necesitemos. Convertiremos la empresa en un activo líquido con una valoración establecida.

Y todos estos objetivos se pueden cumplir saliendo a bolsa «con éxito». La pregunta es: ¿cómo aseguramos el éxito? Bien, aquí es donde se complica el tema. Para tener éxito debemos generar interés en los inversores: la gente interesada en utilizar su dinero para financiar las compañías que salen a bolsa debe considerar la compañía interesante. Esto se consigue de dos maneras. O tenemos ya una empresa con un negocio consolidado que genera muchos beneficios y promete, por tanto, importantes dividendos para los accionistas, y desgraciadamente sabemos que este no es el caso de una compañía que se acaba de crear basada en un proyecto de investigación que aún está por desarrollar, o bien tenemos un proyecto con una mezcla entre expectativa de crecimiento y riesgo asociado al éxito que genere mucho interés. Quizá pensemos que estamos en este segundo caso —e igual es cierto—, pero, para que el mercado apueste por nuestras probabilidades de éxito, debemos tener cierta parte del camino ya recorrida. No podemos pretender que una molécula recién salida del laboratorio genere un interés enorme en miles de desconocidos para que inviertan en nuestra empresa.

Cada proyecto requiere de un nivel de maduración diferente para dar el paso de salir a bolsa, aquí tampoco hay reglas fijas. Pero digamos que nos conviene analizar varios aspectos:

- **Valoración.** Cuanto más lejos del mercado esté, más riesgo tenemos asociado y menor valoración conseguiremos.
- **Interés.** Si el riesgo que se percibe es demasiado alto, el interés de los inversores va a ser bajo.
- **Dimensión.** Si la compañía es muy pequeña, los agentes del mercado no van a tener interés (bancos, inversores profesionales de cotizadas, analistas...). No tendremos cobertura de analistas y, por tanto, la liquidez de la acción será muy reducida. Esto implica no poder vender cuando queramos y que el precio que se determine pueda ser ficticio y fácilmente manipulable, pues las acciones con poca liquidez suben y bajan de valor con muy pocas compras o ventas.

Analizando todas estas variables y añadiendo el esfuerzo que supone salir a cotizar, no parece el momento para que un proyecto recién salido del laboratorio se plantee esta situación. Dejemos que nuestra empresa se constituya, tenga una trayectoria que le permita madurar como organización y como proyecto. Si nuestra inquietud es cotizar en bolsa, busquemos cuál es el mejor momento para ello. La salida a bolsa puede ser una salida atractiva para los primeros inversores, luego empezar desde el momento inicial a barajar esta opción puede ser positivo.

Los mercados alternativos son estupendos para conseguir cantidades relevantes de financiación, pero debemos tener una historia atractiva que convenza y un grado de maduración suficiente para que el riesgo que se perciba no sea abrumador. No todos los inversores están mentalmente preparados ni interesados en empresas de alto riesgo que aún no generan beneficios. Solo una parte reducida del colectivo inversor está dispuesto a arriesgar su dinero en empresas de este perfil. Ellos compran una expectativa de éxito potente que compense el riesgo que están corriendo. Pero, de nuevo, las cosas no son blancas o negras. Hemos de buscar el tono de gris que sea atractivo para ese núcleo de inversores, y eso suele ocurrir cuando el proyecto tiene cierta parte del camino recorrida de forma exitosa.

Por otro lado, tampoco tiene sentido el coste de salir a cotizar si lo que buscamos es 1 millón de euros. Tengamos en mente que el coste asociado a cotizar para una empresa pequeña, incluso en mercados alternativos, está entre 200 000 y 500 000 euros al año entre asesores, auditores y personal que deberemos contratar para poder cumplir con todas las exigencias del regulador. No tiene sentido captar 1 millón de euros para luego meternos en semejante nivel de gasto. Si estuviéramos buscando 10 millones, la cosa cambia, pero para buscar esta cantidad no puedo valer 3 millones y necesitar 1 para realizar mi proyecto. Cuando hacemos una ampliación de capital, tanto en bolsa como a inversores privados, hemos de contar para qué queremos el dinero, en qué lo vamos a usar. Si necesitamos 1 millón, podremos defender captar 2 por potenciales imprevistos, pero no podremos cubrir una ampliación de 10. Las necesidades financieras de la empresa van a ir paralelas al nivel de maduración del proyecto y, a su vez, irán definiendo cuándo tiene sentido acudir a un mercado público de capitales para obtener lo que buscamos.

Algunos pueden pensar que mi experiencia sacando empresas a cotizar es negativa. Nada más lejos de la realidad. Las mejores valoraciones y las mayores ampliaciones de capital en las que he participado se han conseguido en la bolsa. Si hay una buena historia capaz de generar una gran expectativa de crecimiento y éxito, la bolsa es el mejor sitio para conseguir fondos. Las valoraciones son mucho más altas de lo que pueda considerar cualquier VC o inversor profesional que queramos captar en el entorno privado. El hecho de que una empresa cotice supone que el inversor puede desinvertir cuando quiera (por lo menos, en teoría), y eso en sí mismo ya supone un valor. Las empresas privadas, es decir, que no cotizan, tienen una penalización en su valoración justamente por ese hecho: no ser un valor líquido, no poder convertir una acción en dinero cuando uno quiera, esto reduce el valor de dicha acción. Por lo tanto, cuando se sale a cotizar, se sube de valoración de forma inmediata. Pero todo ha de tener coherencia. El dinero que queremos captar, el punto de maduración del proyecto, los gastos asociados a cotizar en el contexto de los gastos totales de la compañía, la atención que debemos prestar a este aspecto... han de estar en cierto equilibrio que perciban no solo los inversores, sino nosotros mismos.

Tampoco nos olvidemos de que la figura del CEO o del director general cobra muchísima importancia si decidimos salir a cotizar. Junto con las funciones habituales de un CEO, aparece la necesidad de interactuar con la bolsa, con los inversores y con los analistas. Cierto es que muchas empresas contratan a un experto en relaciones con inversores, pero, aun así, el CEO o director general ha de tener visibilidad con estos colectivos y saber tratarlos y manejarlos.

3. Mercados bursátiles: tipos y diferencias

Si alguno tiene interés en profundizar en este tema, deberá identificar en qué mercado quiere salir a cotizar. NASDAQ es un mercado complejo, con muchos requisitos, donde los asesores son carísimos y donde no tiene sentido alguno salir sin tener una empresa de una dimensión importante, un proyecto con muchísimo potencial y unas necesidades financieras de gran cuantía. Los mercados alternativos europeos son más accesibles. Dependiendo de dónde esté nuestra compañía ubicada y de lo familiarizados que estemos con uno u otro mercado, decidiremos dónde nos interesa cotizar. En líneas generales, el mercado alternativo más liquido e importante en Europa es el AIM de Londres. Sin embargo, tras el Brexit, esta opción se ha complicado para las compañías europeas. El MAB en Madrid es una opción, pero tiene muy poca visibilidad para inversores extranjeros, lo que supone limitarnos a la atención de inversores españoles.

Una vez identificado el mercado donde queremos cotizar, debemos conocer todos los requisitos que se soliciten. La mayor parte de los mercados alternativos cuentan con una figura denominada «asesor registrado», una entidad intermediaria entre la empresa y el ente regulador. Su función es ayudar a las empresas a cumplir con la normativa y asegurar el comportamiento ético y legal de las mismas. Han de verificar que la información fluye de forma adecuada y que no se utiliza para manipular el valor de la acción a favor de unos accionistas de forma sesgada respecto a otros. La responsabilidad legal de cara al órgano regulador del mercado respecto a las acciones de la empresa en cuanto a información no es solo de la empresa, sino que también la soporta el asesor registrado. Por ello, es importante que busquemos un asesor registrado que tenga vocación de ayuda y no solo «fiscalizadora», pues, para una empresa novata en el mercado de capitales, muchas veces el problema no es la intencionalidad de ocultar o falsear información, sino el desconocimiento sobre lo que se considera información sensible. El apoyo, la flexibilidad y la ayuda de estos intermediarios son fundamentales para tener una relación fluida entre todos los jugadores del sistema.

En los mercados principales no existe la figura del asesor registrado. Las compañías directamente interactúan con el regulador, que en España es la Comisión Nacional del Mercado de Valores (CNMV), en Estados Unidos es la U. S. Securities and Exchange Commission (SEC), en Alemania es el Bundesanstalt für Finanzdienstleistungsaufsicht (BaFin), en Inglaterra es The Financial Conduct Authority (FCA) y en Francia es la Autorité des Marchés Financiers (AMF). Esta interacción requiere de un equipo legal especializado para ello, pues toda la ayuda y apoyo que da el asesor registrado en estos mercados lo ha de realizar directamente la empresa.

Como diferencia adicional, aparte de que los requisitos para cotizar son mucho más exigentes en los mercados principales, en los mercados alternativos el reporte de resultados suele ser cada seis meses, siendo el de junio más resumido, y el de final de año ha de ser un estado de cuentas completo y auditado. Por el contrario, en los mercados principales, las empresas han de comunicar los resultados trimestrales con información mucho más exhaustiva que deben presentar en todo momento. Los auditores también son mucho más exigentes con las empresas que cotizan en el mercado continuo (principal) que en los mercados alternativos, aunque cada día se valora más por parte de los propios inversores que las auditoras que revisan las cuentas de las empresas sean de reconocido prestigio y que las auditorías sean muy completas y profundas. Esto, además de encarecer el servicio, supone un verdadero dolor de cabeza para las empresas pequeñas que no tienen un departamento financiero y legal bien dimensionado capaz de dar respuesta a todos los requisitos de información y documentación de las auditorías.

La bolsa es una buena opción para conseguir recursos, pero no en un primer momento. Debemos dejar que nuestro proyecto tenga cierto grado de maduración y de necesidades financieras antes de dar este paso. Tiene muchas ventajas, pero también inconvenientes, y no debemos infravalorarlos. Los costes asociados a cotizar, la necesidad de informar de manera permanente y veraz y las obligaciones que adquirimos al salir a un mercado público van a condicionar la gestión de la compañía y sus necesidades financieras a futuro. Además, no siempre conseguimos que el mercado valore nuestra compañía como nosotros queremos. Independientemente de cómo vaya el proyecto, temas como la capacidad de comunicación de la compañía, el entorno económico del momento, lo atractivo del proyecto para el ciudadano de a pie, la calidad de los asesores que tengamos, los analistas que nos cubran... son temas que van a tener un impacto directo sobre nuestra valoración y sobre la liquidez de nuestra acción. Tenemos que estar preparados para gestionarlos de forma óptima o para asumir las consecuencias cuando las cosas no vayan en línea con lo que esperábamos. Más de una empresa tuvo que abortar su salida a bolsa y quebrar tras el atentado de las Torres Gemelas en Nueva York en 2001. Y hablamos de empresas españolas de sectores tecnológicos que en nada se vieron directamente afectadas por el atentado. Sin embargo, un evento mundial que desestabiliza la economía impacta de forma directa en los mercados de capitales y genera fluctuaciones que pueden perjudicar nuestra cotización, sin que el proyecto, en realidad, se vea modificado.

Como siempre, ni nos vayamos con la idea de salir a cotizar mañana ni cerremos la puerta a esta opción. Tengamos en mente la posibilidad para cuando nuestro proyecto tenga una dimensión adecuada al mercado donde queramos salir, un grado de evolución capaz de generar apetito en un mercado público y unas necesidades de fondos y de liquidez de las acciones que justifiquen dar el paso.

> La bolsa no es para unos pocos, ricos y grandes, pero tampoco es un camino fácil con el que financiar cualquier proyecto en cualquier momento. Valorar de forma realista tus necesidades y tus posibilidades es imprescindible para decidir si salir a cotizar es una opción adecuada para tu empresa en un momento concreto del tiempo.

7. Y, DESPUÉS DE TODO ESTO, ¿TENDRÉ ÉXITO?

Objetivo: reflexionar sobre el propósito con el que se crea una empresa y consecuentemente el concepto de éxito del emprendedor.

Llegamos al final y es momento de reflexionar. ¿Nos aseguramos el éxito si seguimos las pautas y el camino que hemos ido comentando? Evidentemente, no. Tener parámetros que nos ayuden a elegir el camino adecuado no es garantía de una meta concreta. La meta depende de muchas variables, entre otras, del resultado técnico del proyecto que desarrollemos.

Podemos pararnos a analizar los principales motivos por los que la mayor parte de las empresas de I+D basadas en proyectos innovadores fracasan. Estudiar los motivos del fracaso de otros es una forma de aprender a estar prevenido ante los mismos. Podemos y debemos aprender de los errores de los demás. En este aspecto, evitemos pensamientos del tipo «A mí no me va a pasar», «Los demás eran tontos y yo soy más listo» o «Yo lo hago mejor», pues son muy inmaduros. Los criticamos en nuestros hijos, pero los utilizamos para defender nuestras ideas cuando entran en conflicto con la experiencia colectiva. Seamos adultos, aprendamos de los errores de otros y pensemos que, si la mayoría se equivoca haciendo una determinada cosa, lo más probable es que nosotros nos equivoquemos también si hacemos lo mismo.

Errores comunes

Generalidades que no debemos hacer en la gestión y desarrollo de nuestra compañía, pues han dado siempre malos resultados:

Dispersión: debemos enfocarnos en algo concreto. Es cierto que tener varios proyectos en paralelo diversifica el riesgo, pero también lo es que abordar varios desarrollos a la vez con pocos recursos suele suponer que no se avance en ninguno de forma adecuada. Recordemos: el tiempo es dinero. Si tenemos poco dinero, hay que poner el foco en aquello con más posibilidades de funcionar. Y, si tenemos éxito en ese primer proyecto, ya veremos qué otros incorporamos. No perdamos el foco.

Elijamos un buen equipo donde los perfiles se adecúen a las funciones que van a realizar. No montemos una pandilla de amigos o conocidos como plantilla, pues no funciona.

No pensemos que el mercado al que va dirigido nuestro producto o servicio se va a comportar como nosotros. Puede que sí o puede que no. Nosotros no somos el referente absoluto de nada, sino uno más que puede tener un comportamiento parecido a la mayoría o no. El mercado objetivo no podemos valorarlo en función de nuestra experiencia, gustos o comportamiento.

Tengamos la mente abierta a la hora de elegir un CEO o director general profesional si nosotros no damos el perfil. Seamos humildes para reconocer si ese es el puesto en el que aportamos valor a nuestra compañía o no. Tener una idea y ser buen científico no implica ser buen gestor y líder de una compañía.

Contratemos asesores o empresas que nos apoyen en las actividades que no controlemos o en las que necesitemos ayuda, con referencias de personas que sean de confianza. Si no las tenemos, busquemos referencias públicas o conocidas. Lo importante no es el nombre de la empresa que nos va a ayudar, sino la persona concreta asignada a nosotros, sus capacidades, conocimientos y dedicación. Hay mucho «vendehúmos»; no podemos permitirnos gastar dinero en asesores que no sean realmente válidos o que no aporten valor.

Vayamos siempre un paso por delante respecto a encontrar la financiación que necesitamos. La mayor parte de las empresas de biotecnología fracasan por falta de recursos. Intentemos tener caja que cubra, como mínimo, los próximos 2 años (o cierta forma de conseguirla, por ejemplo, mediante *tax lease*, al menos hasta que cambie la ley fiscal). Cuando uno busca dinero con la soga al cuello, el precio es más bajo y se tienen muchas más dificultades para encontrarlo. Hay que intentar buscar la financiación cuando aún hay tiempo.

Seamos siempre muy cautos con el gasto y la inversión, sobre todo en los momentos iniciales. Subcontratemos al máximo e intentemos no sobrecargar la estructura. Eso no quiere decir que ralenticemos el desarrollo por no gastar, el tiempo es dinero e ir lento es muy costoso. Hay que ir lo más rápido que se pueda, pero buscando las alternativas más eficaces, que no hipotequen el futuro de la compañía con un exceso de gasto.

No utilicemos las ayudas públicas como un fin en sí mismo. Nuestro objetivo debe estar claro y debemos poner el foco en él. A partir de ahí, si encontramos ayudas públicas que nos encajen y nos faciliten la financiación del proyecto, hagamos todo lo posible por conseguirlas. Pero no convirtamos la ayuda en un fin, pues nos dispersará y acabará siendo un lastre que penalizará a la compañía.

CONCLUSIONES

Para muchos, el simple hecho de crear una compañía y de poder dedicar el día a día a desarrollar un proyecto con el que disfrutan y en el que creen ya es un éxito. Para otros, el éxito será monetizar dicho desarrollo y obtener un dinero con el que vivir de una determinada manera. En otros casos, ser capaces de generar empleo y que otras personas puedan vivir de lo que aportan a la empresa que hemos creado es motivo de orgullo y de sensación de éxito. Y para los más ambiciosos, el éxito llegará cuando una terapia revolucionaria aporte una solución permanente a una enfermedad sin cura. Todos ellos percibirán su situación de forma diferente y todos se sentirán mejor o peor en función de diferentes parámetros. El ser humano tiene la capacidad de interiorizar la misma realidad de maneras muy diversas, por lo que es difícil concretar en una definición lo que implica «montar una empresa de éxito». Creo que cada uno de nosotros, cada persona que tiene la inquietud de emprender, ha de preguntarse dónde quiere llegar y para qué, cuál es su objetivo y propósito, pues en función de esta respuesta sus prioridades cambiarán y con ellas la forma de gestionarlas.

Todos los casos implican que la compañía no desaparezca demasiado pronto, pues ninguno de los potenciales objetivos se puede alcanzar si en 2 años tenemos que cerrar. Por ello, mis recomendaciones sobre lo que se debe y no se debe hacer van dirigidas a asegurarnos de que la empresa tenga opciones de continuar funcionando en un horizonte temporal amplio.

El lector podrá pensar que esto es una reflexión filosófica irrelevante, pues la mayor parte de la gente monta una compañía para «forrarse» o «dar un pelotazo». Yo no tengo esa visión. Hay emprendedores que buscan ese fin, pero hay otros muchos con objetivos muy diferentes. Todos ellos son válidos y ninguno es cuestionable. A la postre, una empresa que funciona y genera innovaciones que sirven para cubrir una necesidad de la sociedad está aportando valor. Además, genera empleo, no solo el directo asociado a su plantilla, sino el indirecto por las actividades que subcontrata y las compras que realiza. El tejido empresarial siempre genera valor para todos, máxime si se enfoca en actividades innovadoras que impliquen una mejora en la solución de una necesidad. Pero recordemos que las empresas se crean para generar beneficios. Es decir, si no conseguimos ganar dinero, no podremos sostener la compañía a medio/largo plazo y no captaremos el interés de nadie para que nos ayude. El beneficio puede no ser nuestro propósito, pero es imprescindible tenerlo en mente para asegurarnos la continuidad. Dar el paso de ser empresario es una aventura tremendamente gratificante si la enfocamos de la manera adecuada y tenemos claro qué buscamos y a dónde vamos. Los que duden respecto a dar este paso deben animarse a darlo si realmente tienen un buen proyecto. Es un camino difícil y a la vez apasionante. Pero, como sabemos, lo que realmente apasiona tiene siempre un grado relevante de dificultad.

Confío y espero que este libro os ayude a aclarar vuestras ideas, a tener una imagen más realista del camino a seguir y a conseguir vuestros objetivos de una forma más certera. Mi intención ha sido proporcionar pequeñas pinceladas de los muchos temas relevantes que tener en cuenta a la hora de montar una compañía basada en un proyecto de investigación. Si he conseguido ayudar a alguno de los muchos y buenos científicos que tienen esta inquietud, me doy por satisfecha.

NOTAS

1. Amortización contable: depreciación o reducción del valor de un activo. El Plan General Contable español (y prácticamente todos los planes contables) atribuyen una vida útil máxima de los bienes (que podemos reducir si lo consideramos adecuado). A lo largo de esa vida útil, hemos de depreciar el bien hasta que, al final de esta, su valor contable sea cero. Esta depreciación se refleja en la cuenta de pérdidas y ganancias como un gasto. Pero este gasto no implica una salida de caja, ya que la salida de tesorería se produjo en el momento de la compra y pago. Por eso, para calcular la caja generada por la compañía, sumamos las amortizaciones al resultado neto de nuestra cuenta de pérdidas y ganancias.
2. Fondo de maniobra: parte del activo circulante financiado con recursos permanentes. Es decir, diferencia entre activo circulante (deudores + existencias) y pasivo circulante (acreedores + deuda a corto plazo).
3. Necesidades operativas de fondos: dinero que la empresa necesidad dedicar para financiar las operaciones corrientes, una vez restada la financiación espontánea generada por la propia operativa. Suma del saldo de clientes, deudores y existencias (hemos de financiar los días que tardan los clientes en pagarnos y el *stock* que tengamos) menos el saldo de acreedores y proveedores (ellos nos financian al dejar que les paguemos a un plazo). La diferencia es una caja con la que tenemos que contar para el día a día de las operaciones. Podemos tener beneficios contables, pero nuestras NOF pueden alcanzar una magnitud que nos cause serios problemas de tesorería. Eso podría ocurrir, por ejemplo, si nos pagan a 120 días y necesitamos mucho *stock* para funcionar, pero nosotros tenemos que pagar a los proveedores al contado.
4. NIH: National Institute of Health, organismo de Estados Unidos que realiza investigación biomédica propia y apoya las investigaciones de científicos que no formen parte del Gobierno federal. Sus ayudas se extienden fuera de EE. UU.